Journalistische Praxis

Gegründet von
Walther von La Roche

Herausgegeben von
Gabriele Hooffacker

Der Name ist Programm: Die Reihe Journalistische Praxis bringt ausschließlich praxisorientierte Lehrbücher für Berufe rund um den Journalismus. Praktiker aus Redaktionen und aus der Journalistenausbildung zeigen, wie's geht, geben Tipps und Ratschläge. Alle Bände sind Leitfäden für die Praxis – keine Bücher über ein Medium, sondern für die Arbeit in und mit einem Medium. Seit 2013 erscheinen die Bücher bei SpringerVS (vorher: Econ Verlag).

Die gelben Bücher und die umfangreichen Webauftritte zu jedem Buch helfen dem Leser, der sich für eine journalistische Tätigkeit interessiert, ein realistisches Bild von den Anforderungen und vom Alltag journalistischen Arbeitens zu gewinnen. Lehrbücher wie „Sprechertraining" oder „Frei sprechen" konzentrieren sich auf Tätigkeiten, die gleich in mehreren journalistischen Berufsfeldern gefordert sind. Andere Bände begleiten Journalisten auf dem Weg ins professionelle Arbeiten bei einem der Medien Presse („Zeitungsgestaltung", „Die Überschrift"), Radio, Fernsehen und Online-Journalismus, in einem Ressort, etwa Wissenschaftsjournalismus, oder als Pressereferent/in oder Auslandskorrespondent/in.

Jeden Band zeichnet ein gründliches Lektorat und sorgfältige Überprüfung der Inhalte, Themen und Ratschläge aus. Sie werden regelmäßig überarbeitet und aktualisiert, oft sogar in weiten Teilen neu geschrieben, um der rasanten Entwicklung in Journalismus und Neuen Medien Rechnung zu tragen. Viele Bände liegen inzwischen in der dritten, vierten, achten oder gar, wie die „Einführung" selbst, in der neunzehnten völlig neu bearbeiteten Auflage vor. Allen Bänden gemeinsam ist der gelbe Einband. Er hat den Namen „Gelbe Reihe" entstehen lassen – so wurden die Bände nach ihrem Aussehen liebevoll von Studenten und Journalistenschülern getauft.

Gegründet von
Walther von La Roche

Herausgegeben von
Gabriele Hooffacker

Detlef Esslinger · Wolf Schneider

Die Überschrift

Sachzwänge – Fallstricke
– Versuchungen – Rezepte

5., aktualisierte und erweiterte Auflage

Detlef Esslinger
München, Deutschland

Wolf Schneider
München, Deutschland

Bis 2012 erschien der Titel in mehreren Auflagen bei Econ Journalistische Praxis, bis 2008 in der Reihe List Journalistische Praxis.

ISBN 978-3-658-05754-1	ISBN 978-3-658-05755-8 (eBook)
DOI 10.1007/978-3-658-05755-8

Die Deutsche Nationalbibliothek verzeichnet diese Publikation in der Deutschen Nationalbibliografie; detaillierte bibliografische Daten sind im Internet über http://dnb.d-nb.de abrufbar.

Springer VS
© Springer Fachmedien Wiesbaden 2015
Das Werk einschließlich aller seiner Teile ist urheberrechtlich geschützt. Jede Verwertung, die nicht ausdrücklich vom Urheberrechtsgesetz zugelassen ist, bedarf der vorherigen Zustimmung des Verlags. Das gilt insbesondere für Vervielfältigungen, Bearbeitungen, Übersetzungen, Mikroverfilmungen und die Einspeicherung und Verarbeitung in elektronischen Systemen.

Die Wiedergabe von Gebrauchsnamen, Handelsnamen, Warenbezeichnungen usw. in diesem Werk berechtigt auch ohne besondere Kennzeichnung nicht zu der Annahme, dass solche Namen im Sinne der Warenzeichen- und Markenschutz-Gesetzgebung als frei zu betrachten wären und daher von jedermann benutzt werden dürften.

Lektorat: Barbara Emig-Roller, Monika Mülhausen

Gedruckt auf säurefreiem und chlorfrei gebleichtem Papier.

Springer VS ist eine Marke von Springer DE. Springer DE ist Teil der Fachverlagsgruppe Springer Science+Business Media
www.springer-vs.de

Vorwort zur 5. Auflage

Die Überschrift ist der schwierigste Teil des journalistischen Handwerks. Nirgends sonst drängen sich so viele Probleme in so wenigen Wörtern zusammen: Was eigentlich ist die Kernaussage des Artikels? Manche Texte entlarven sich unter dem Anprall dieser Frage – sie haben keine. Wie lässt sich die Aussage in 30 oder 40 Anschläge fassen, sprachlich sauber, oft einer erschwerenden Redaktionssitte unterworfen („Die Zeilen müssen volllaufen" gegen „Keinesfalls dürfen alle Zeilen volllaufen"), dennoch dem Inhalt angemessen und bei alldem auch noch interessant?

Wenn so wenige Wörter so viele Sorgen machen, liegt es nahe, eben diesen Wörtern ein ganzes Buch zu widmen.

Hinter den Generalfragen marschiert ja ein Heer von Einzelproblemen – zum Beispiel:

Wie viel Kommentar darf uns aus einer Nachrichtenüberschrift allenfalls entgegenspringen, und wo findet fahrlässige Kommentierung durch allzu arglose Wortwahl statt?

Wie leben wir mit den kommentierenden Überschriften der *taz*, die meist flapsig und oft witzig sind? („Der Tor des Jahres", am Tag nachdem Uli Hoeneß vor Gericht eingestanden hatte, dass er nicht 3,5 Millionen Euro, sondern viel mehr hinterzogen hatte – das war so eine Überschrift, wie sie sich nur die *taz* traut, noch dazu auf Seite 1, und kombiniert mit dem berühmten Foto von 1976: Uli Hoeneß setzt im EM-Finale gegen die Tschechoslowakei den Elfmeter übers Tor.)

Brauchen *Fernsehnachrichten* eigentlich Überschriften, angesprochene oder eingeblendete, mit noch mehr Nachteilen als in der Zeitung, weil sie sich zumeist auf ein Wort beschränken? Und soll die Schlagzeile der Morgenzeitung die *Tagesschau* vom Vorabend als bekannt voraussetzen und entsprechend reagieren? Muss der Online-Redakteur beim Titeln Dinge bedenken, die dem Print-Redakteur egal sein können?

Da die notwendige Verkürzung oft eine *Übertreibung* ist – wie viel Übertreibung darf man in Kauf nehmen, wenn man seriös bleiben will?

Wie soll sich die *Hauptzeile* zur *Unterzeile (beziehungsweise zum Vorspann)* verhalten und beide zum Text? Wie spät im Text darf die Aussage der Überschrift auftauchen? Es ist ein Ärgernis, wenn der Titel einer Reportage mir eine interessante Information verspricht, die ich erst im letzten Absatz finde.

Wo sind *Wortspiele* erlaubt oder gar erstrebenswert, wo nicht? Was ist vom *Imperfekt* in der Überschrift zu halten, und was vom *Fragezeichen*?

Gibt es *Buh-Wörter*, die man in der Überschrift in jedem Fall vermeiden sollte, falls man dem Text ein paar Leser wünscht? Es gibt sie: Man denke nur an die „Gebietskörperschaften" oder den „kommunalen Finanzausgleich".

Probleme und Sachzwänge, Fallstricke und Versuchungen im Dutzend also, gerade wenn es nur um ein halbes Dutzend Wörter geht: die Wörter, die die Zeitung und die Homepage prägen.

Unter unseren Beispielen stehen die großen deutschen Blätter und Online-Nachrichtenseiten im Vordergrund, *Süddeutsche Zeitung, Frankfurter Allgemeine, Bild, Spiegel und ihre elektronischen Ausgaben* – weil sie die selbstverständliche Lektüre des interessierten Journalisten sind, also von uns am längsten und am gründlichsten beobachtet wurden. Aber wir haben uns auch um einen Streifzug durch die gesamte Medienlandschaft bemüht, haben Beispiele im *Delmenhorster Kreisblatt* gefunden und im *Polizeikurier* des Landes Sachsen-Anhalt.

Dass die Großen auch bei den schlechten Beispielen dominieren, heißt also nicht, dass sie unserer Meinung nach mehr Entgleisungen produzierten als andere; im Gegenteil: Über die Jahre lässt sich vielmehr beobachten, dass die Qualität der Überschriften in den großen Zeitungen alles in allem zugenommen hat, während viele regionale Medien weiterhin Routine und Einfallslosigkeit bieten – was möglicherweise nicht nur an den Redakteuren, sondern auch den Arbeitsbedingungen dort liegt.

Zwar sind bei vielen gedruckten Medien in den vergangenen Jahren massiv Stellen abgebaut worden – Zustände wie jene, dass zum Beispiel vier Redakteure täglich dreißig Seiten produzieren müssen, gibt es jedoch nur in der Provinz.

Dieses Buch ist im Jahr 1993 das erste Mal erschienen; seitdem hat sich vieles verändert in den deutschen Medien. Was Überschriften betrifft, hat sich manches zum Besseren gewendet: Die Wirtschaftsteile, zumindest der großen Zeitungen, machen sich nicht mehr wie damals mit verquerer Bildersprache lächerlich:

```
Lufthansa und Japan Air Lines fliegen Arm in Arm
```
oder
```
Pirellis Gewinnprofil ist abgefahren
```
– solchen Krampf findet man inzwischen kaum mehr. Marotten, die manche Blätter geradezu wie Markenzeichen pflegten, gibt es nicht mehr in dem Maß wie früher: Nur im Ausnahmefall

beispielsweise setzt das Feuilleton der FAZ noch einen Namen in die Hauptzeile über einer Meldung – einen Namen, und sonst nichts. Früher war das die Regel.

Viele der im Buch zitierten und analysierten Überschriften-Beispiele sind inzwischen (je nachdem berühmte oder berüchtigte) Klassiker; viele neue (beider Qualitäten) haben wir dieser vollständig aktualisierten und erweiterten Auflage hinzugefügt; und wir hoffen, dass gerade dadurch das Buch brauchbar ist: dass es Beispiele von 1898, 1973 und 2014 enthält. Manches, was früher möglich war, ginge heute gar nicht mehr, manches wäre (im Positiven wie im Negativen) auch heute vorstellbar. Es ist wie beim Bau eines Hauses: Der Baumeister von 2014 kann sich des Krans bedienen, den der Baumeister von 1898 nicht hatte. Aber tragende Wände braucht es zu jeder Zeit und in jeder Art von Bau.

Erneut berichten wir in einem eigenen Kapitel, wo der Deutsche Presserat Freiheiten und Grenzen der Überschrift sieht.

Wo immer sich mit Anstand Rezepte für zugleich korrekte und attraktive Überschriften geben lassen, haben wir uns darum bemüht. Wo nicht, hoffen wir, wenigstens zu den kleinen Verbesserungen beizutragen, die sich in Grenzfällen immer wieder erreichen lassen, sobald man sich die Probleme ins Bewusstsein gerufen hat. Auf fahrlässige Entgleisungen wollen wir den Finger legen, über mutwillige den Kopf schütteln und auf die Spitzenprodukte Bewunderung lenken.

München/Starnberg, im Januar 2015   Detlef Esslinger/Wolf Schneider

Die Autoren

Detlef Esslinger, Jahrgang 1964, Diplom-Volkswirt sozw. R., ist seit 1991 bei der *Süddeutschen Zeitung*. Er leitete dort das Medienressort sowie die Seite Drei und war Korrespondent in Frankfurt. Seit 2011 ist er stellv. Leiter des Ressorts Innenpolitik sowie seit 2008 auch zuständig für die Ausbildung der Volontäre. Detlef Esslinger absolvierte die Henri-Nannen-Schule. An mehreren Journalisten-Akademien unterrichtet er u. a. zum Thema Überschrift.

Wolf Schneider, Jahrgang 1925, war Nachrichtenchef der Süddeutschen Zeitung, Verlagsleiter des Stern, Chefredakteur der Welt, GEO-Reporter und von 1979 bis 1995 Leiter der Henri-Nannen-Schule. Bis 2012 hat er weiter an fünf Journalistenschulen in drei deutschsprachigen Ländern unterrichtet.

Inhaltsverzeichnis

1	**Vom Handwerk des Übertreibens**	1
2	**Die Aussage der Überschrift**	7
	2.1 Von der Schwierigkeit klarer Aussagen	7
	2.2 Kommentar in der Nachrichten-Überschrift?	11
	2.3 Die fahrlässige Kommentierung	17
	2.4 Die Falschaussage	24
3	**Die Sprache der Überschrift**	31
	3.1 Das kleine Einmaleins	31
	3.2 Der Telegrammstil	36
	3.3 Wie war das mit dem Imperfekt?	42
	3.4 Ist das Fragezeichen erlaubt?	46
	3.5 Wortspiele – mehr Risiko als Chance	51
	3.6 Lyrik und Bildersprache	60
	3.7 Exotische Wörter und Silbensalat	70
	3.8 Wechsel im Ausdruck?	74
	3.9 Die Boulevard-Überschrift – Sonnenseite	77
	3.10 Die Boulevard-Überschrift – Schattenseite	83
	3.11 Die Überschrift in der Zeitschrift	92
	3.12 Unze Zweifel an Marotte	97
	3.13 Die griffige Überschrift	102
4	**Der Presserat und die Überschrift**	111
	4.1 Legitime und illegitime Zuspitzungen	111
	4.2 Der Pressekodex	119

5	**Die Einteilung der Überschrift**	123
5.1	Schlagzeilen aus dem letzten Satz?	123
5.2	Dachzeile – Hauptzeile – Unterzeile	127
5.3	„Luft" – wo und wie viel?	139
5.4	Ärger mit dem Zeilenbruch	143
5.5	Zu wenig Platz oder zu viel	147
6	**Die Zukunft der Schlagzeile**	153
6.1	Vier Einwände gegen den typischen Aufmacher	153
6.2	Mindestforderung: weiterdrehen!	154
6.3	Das Dynamit im eigenen Blatt entdecken	159
6.4	An den schlimmen 60 Tagen einen klaren Kopf behalten	160
6.5	Den typischen Aufmacher beerdigen	162

Vom Handwerk des Übertreibens 1

Die Überschrift ist der schwierigste Teil des journalistischen Handwerks: Man hat hier keine 100 oder sogar 200 Zeilen wie im Lauftext zur Verfügung, sondern vielleicht 30 Zeichen in der Hauptzeile und 60 in der Unterzeile. Viele Überschriften sind banal, wirr oder sie verfälschen den Text.

Die Überschrift ist die Nachricht über der Nachricht. Alles Dubiose an der Nachricht hebt sie in die Potenz. Die Nachricht pickt ja aus dem Weltlauf das Anomale, Untypische und Unwahrscheinliche heraus: den ermordeten Mitbürger, nicht die unbehelligten; die Kritik an der eigenen Partei, nicht an der gegnerischen; den Krieg, nicht den Frieden. Die Überschrift über der Nachricht rafft, dramatisiert und übersteigert das nach solchen Regeln Selektierte und Zugespitzte noch einmal; sie versucht, ein Ereignis mit möglicherweise 30 Beteiligten und 30 Millionen Betroffenen in dreißig Anschläge zu fassen; niemanden wundert es, wenn viele der 30 Millionen sich in den dreißig Anschlägen nicht wiederfinden.

Die Überschrift muss verkürzen Folglich hat sie die eingebaute Tendenz, die Weltereignisse zu dramatisieren und insoweit zu verfälschen. In vielen Redaktionen weiß man das und reizt es aus, um die Auflage zu steigern oder politische Wirkungen zu erzielen. In vielen Redaktionen weiß man es und bemüht sich im Korsett der Kürze um Kompromisse zwischen der Dramatisierung und dem Wunsch nach Redlichkeit. In vielen Redaktionen weiß man es nicht einmal und plumpst in alle Fallgruben, in die die Überschrift ihre arglosen Anwender stolpern lässt. Nehmen wir den Weg, den ein randalierender Demonstrant zurücklegt, bis er in die Überschrift gekommen ist:

Er erklettert eine Vier-Stufen-Pyramide Die Basis dieser Pyramide bildet jene riesige Mehrheit, die nicht demonstriert und folglich nicht zum Gegenstand der Nachricht wird – so wenig wie die sicher gelandeten Flugzeuge und die nicht gekenterten Fähren. Ich demonstriere also und habe damit die zweite Stufe der Pyramide erklommen: Ich stehe in der Zeitung. Will ich die dritte Stufe erreichen, so verbrenne ich eine Obama-Puppe und stehe groß in den Medien.

Habe ich Glück, so werde ich damit zugleich auf die vierte Stufe gehoben: Mein Feuerzeug macht mich zum Veranstalter des „Krawalls", der in der Überschrift aus meinen Flammen geworden ist.

Krawall, Skandal und Katastrophe – das ist die Dreieinigkeit im Dienst an der Schlagzeile, Chaos und Kollaps noch gar nicht gerechnet. Von den Boulevardzeitungen erwartet niemand etwas anderes, als dass sie die Unterschlagung von 30.000 Euro durch einen Buchhalter als „Skandal" einstufen und 30 durch einen Sturm abgeworfene Ziegel als „Katastrophe". Doch die Griffigkeit und Kürze solcher Floskeln macht sie ebenso zum klassischen Bestandteil des Leadsatzes der Nachrichtenagenturen, obwohl die nicht primär für Boulevardzeitungen schreiben – und damit zur Versuchung auch für solche Redakteure, die sich um Seriosität bemühen. Oft genug, zum Beispiel am 1. Januar oder an einem Sonntag im August, ist ja auf Erden nichts geschehen, was auch nur das Erscheinen einer Zeitung dringlich machen würde – um wie viel weniger eine Aufmacher-Schlagzeile! Wie sollte sich da der Sonntagsredakteur *nicht* auf das Wort „Skandal" im Agentur-Lead stürzen, selbst wenn er durchschaut, dass es mal wieder überzogen ist? Und so schreit am Montag der „Skandal" von den Kiosken, nicht, weil etwas geschehen wäre, was nach Vernunft und Augenmaß so heißen müsste, sondern weil Zeitungen und Nachrichtenseiten Überschriften brauchen und Redakteure den Versuchungen nicht widerstehen, die in die Schlagzeile eingebaut sind. Die Nachricht und ihre Verdichtung und Überhöhung zur Überschrift lassen auf diese Weise die Erde in höherem Grade als einen Planeten der Krawalle, Skandale und Katastrophen erscheinen, als sie es verdient.

Meist ist es die öde Routine, aus der die Dramatisierung folgt:

```
Westeuropa versinkt im Schnee
```

(so dutzendfach in jedem dritten Winter). Vor aller Nachprüfung wird man unterstellen dürfen, dass es sich weder um ganz Westeuropa noch um ein Versinken handelt; in Wahrheit verschlucken sich also einige Teile Westeuropas an einer zu dick aufgetragenen Metapher. Dergleichen wird von der Mehrzahl der Leser wohl noch richtig eingeordnet.

Der Übergang zur Irreführung ist indessen fließend. Da liefert also das *Hamburger Abendblatt* die Aufmacher-Schlagzeile:

1 Vom Handwerk des Übertreibens

```
                    Das Jahr der Autodiebe
              Schon 63.000 Wagen verschwunden
```

Der Text besagt: Drastische Zunahme der Diebstähle, in der Tat – jedoch auf welche Summe? 63.000 im letzten halben Jahr in Deutschland. Bei 35 Millionen Autos sind das 1,8 Promille; anders ausgedrückt: Etwas mehr als 998 von 1000 Autos blieben im letzten Halbjahr ungestohlen; oder: Im Halbjahr 1,8 Promille, das macht 3,6 Promille im ganzen Jahr, das heißt: Nur einmal in 278 Jahren ist mein Auto an der Reihe. Eine solche Quote werden viele Leser als erstaunlich niedrig betrachten, geradezu als eine Beruhigung. Jedenfalls liegt die Zahl dramatisch unter der der schweren Verkehrsunfälle im selben Zeitraum (mit 5000 Toten und 243.000 Verletzten). Sollten wir nicht also wieder einmal ein „Jahr der Verkehrsopfer" gehabt haben? Hat die Redaktion mit ihrem „Jahr der Autodiebe" nicht einen völlig schiefen Akzent gesetzt – auf ein Drama dort verwiesen, wo es *nicht* stattfindet?

Schon bei mäßiger Phantasie ließen sich alle Ausgaben eines Jahres mit der Zeile Das Jahr der... verkaufen:

- das Jahr der Drogentoten und der Selbstmörder,
- das Jahr der Einbrüche und der Vergewaltigungen,
- das Jahr der Bankrotte und der Zwangsversteigerungen,
- das Jahr der Nichtraucher und der Lungenkrebsopfer,
- das Jahr der Rücktritte, des Gammelfleischs, der Autobahnstaus und der Politikverdrossenheit.

Und das Jahr wird vorübergehen und von alledem nichts merken.

Der Lauftext des Aufmachers (im hier zitierten *Hamburger Abendblatt* oder anderswo) überlasse es dem Leser selber, sich ein Urteil zu bilden, sagen dazu viele Redakteure, und folglich sei alles in Ordnung. Das jedoch ist höchstens die halbe Wahrheit: Denn eine Umrechnung in Prozent oder Promille hat das *Hamburger Abendblatt* nicht vorgenommen, Vergleichszahlen (etwa mit den Verkehrsgeschädigten) nicht genannt; nichts also getan, um den Eindruck zu mildern, den die Schlagzeile hervorruft: Autodiebstahl sei ein zentrales Problem der deutschen Gegenwart. Selbst wenn aber der Text insoweit die Überschrift korrigierte, bliebe zu fragen, ob es die Aufgabe der Überschrift sein kann, zunächst ein Drama in die Welt zu setzen, von dem der sorgfältige Leser schließlich erfährt: Es ist gar keines. Die Boulevardzeitungen bedienen sich dieser Technik mit Vergnügen – aber dort sollte man sie auch lassen.

Ein klarer Vorsatz zur Dramatisierung mit dem Effekt der Verfälschung des Sachverhalts gehört zur Strategie des *Spiegels*. In einem sachlich harmlosen, aber beweisbaren Fall sah das so aus:

```
Die Akte Siemens - Innenansicht eines korrupten Konzerns
```

nannte das Magazin am 14.4.2008 seine Titelgeschichte. Es ging darin um die Korruptionsaffäre, mit der der Konzern in den Jahren 2006 bis 2008 in den Schlagzeilen war und die ihn schließlich mehr als zwei Milliarden Euro kostete. „Korrupt" war natürlich das griffige Wort, der Reizbegriff, mit dem das Heft verkauft werden sollte. Leider lag es neben der Sache – korrupt ist immer nur der Empfänger von Geld, von Urlauben oder anderen Geschenken. Siemens war aber natürlich nicht *korrupt*, sondern Manager des Konzerns haben andere *korrumpiert*, um an Aufträge zu kommen. „Innenansicht eines korrumpierenden Konzerns" wäre wohl zu lang und zu langweilig gewesen. Was hätte eine Alternative sein können? „Wie der Konzern bestochen hat", zum Beispiel. Von schlimmeren Fällen berichtet der Beitrag „Die Falschaussage".

Übertreibung mit dem Effekt der Irreführung, zuweilen angestrebt, meist in Kauf genommen und oft kaum zu vermeiden: Das ist das große Ärgernis der Überschriften. Die letzten Kapitel kommen darauf zurück, mit der Frage, ob es nicht doch Mittel gäbe, der Dramatisierung gänzlich auszuweichen, wenn man es nur wollte – dem Leser zum Nutzen und der Auflage nicht zum Nachteil.

Verkürzung als Meisterstück Um nun nicht allen Optimismus zu zerstören zwischen den vielen hier angeleuchteten Problemen, zwei Meisterwerke der Überschrift vorweg.

```
Wir sind Papst!
```

das schrieb *Bild* zur Wahl von Joseph Ratzinger zum Oberhaupt der katholischen Kirche. Der Titel war so haarscharf auf die Empfindungen vieler Deutscher gezielt und zugleich so unsinnig übertrieben, dass er das Erhabene streifte. Als im April 1982 die Invasion der Falkland-Inseln begann, der die Engländer seit Wochen entgegengefiebert hatten, füllte die Londoner Boulevardzeitung *The Sun* ihre erste Seite mit den sechs Buchstaben

```
IN WE GO
```

1 Vom Handwerk des Übertreibens

Jene dramatische Kürze und atemversetzende Ausdrucksstellung, derer das Englische fähig ist, wird hier zu solcher Höhe getrieben, dass die Autoren ihre handwerkliche Begeisterung ebenso hoch einstufen wie ihre Abneigung gegen die Militanz der Aussage.

Fünf Forderungen, die an die Überschrift zu richten sind (die beiden Beispiele erfüllen sie alle):

> **Übersicht**
>
> 1. Die Überschrift muss eine klare Aussage haben.
> 2. Diese Aussage sollte die zentrale Aussage des Textes sein.
> 3. Sie darf den Text nicht verfälschen.
> 4. Sie muss korrekt, leicht zu fassen und unmissverständlich formuliert sein.
> 5. Sie sollte einen Lese-Anreiz bieten.

An diesen fünf Kriterien werden wir im Folgenden alle Sitten und Rezepte messen.

Die berühmteste aller Überschriften bestand sogar nur aus anderthalb Wörtern, freilich mit sieben Buchstaben, und wieder waren die fünf Generalforderungen allesamt erfüllt. Das war, als Emile Zola sich 1898 des Hauptmanns Dreyfus annahm. Er schrieb einen „Offenen Brief an den Präsidenten der Republik, Mr. Faure". Unter dieser Überschrift schickte er ihn dem Verleger der Zeitung *L'Aurore*, Georges Clemenceau, den späteren französischen Ministerpräsidenten. Der strich Zolas Zeile und schrieb darüber:

> J'accuse!

Verkürzt, vereinfacht und dramatisiert – aber gänzlich unverfälscht, und in dieser Kombination von welthistorischer Wirkung. Auch dies können Überschriften leisten. Mehr davon!

Sie müssen dazu nur an Silben sparen Arthur Schopenhauer hat im 19. Jahrhundert gelebt, aber er hat eine Stilregel aufgestellt, die auch im 24. Jahrhundert noch gelten wird: „Man nehme gewöhnliche Wörter und sage ungewöhnliche Dinge."

Gewöhnliche Wörter sind all diejenigen, die die Menschen im Alltag verwenden, im Büro, daheim, bei der Bergwanderung – wer sich selber nachlauscht, wird feststellen, dass jeder (egal in welcher Sprache) fast nur in Ein-, Zwei- und Dreisilbern spricht. Wir, sind, Papst, in, we, go, je, accuse, und so weiter. Wer überlegt, welche Überschriften (gerne auch Titel von Büchern und Fernsehsendungen) ihm spontan aus der Vergangenheit einfallen – er oder sie wird feststellen: Es werden Titel sein, deren Wörter maximal zwei Silben haben.

Zum Beispiel die:

```
                Ich bin dann mal weg
```

(das Buch von Kerkeling)

```
     So schön wie hier kann's im Himmel gar nicht sein
```

(das Buch von Schlingensief)

```
                   Pelzig hält sich
```

(die Satire-Sendung im ZDF)

Die Macher von RTL werden sich schon etwas dabei gedacht haben, dass sie eine Serie eben nicht nannten:

```
     Landwirtschaftlicher Alleinunternehmer projektiert
                        Verehelichung
```

Sondern:

```
                   Bauer sucht Frau
```

Die Schildermacher von VW haben sich aber offenbar nichts dabei gedacht, als sie an ihre Werkstattbetriebe die Schilder mit der Aufschrift

```
                     Dialogannahme
```

ausgaben, einem Sechssilber. Der umgekehrte Schopenhauer: Man nehme ungewöhnliche Wörter und sage gewöhnliche Dinge.

```
                        Empfang
```

wäre doch auch eine Möglichkeit gewesen. Vier Silben weniger – und jeder wüsste sofort, was gemeint ist.

Die Aussage der Überschrift 2

Die Überschrift hat sich an Rechtschreibung und Grammatik zu halten. Andernfalls versteht sie keiner. Das Fragezeichen ist in den meisten Redaktionen unerwünscht. Drei Sorten von Wortspielen gibt es: die Langweiler, die Stilblüten und die witzigen. Nur die sind empfehlenswert.

2.1 Von der Schwierigkeit klarer Aussagen

Die Überschrift sollte eine Aussage enthalten. Das klingt nach einer Binsenweisheit und ist doch keine. Denn:

Aus einer „Binse" darf die Überschrift eben nicht bestehen – und oft tut sie es doch.

```
            Kämpfe trüben Friedenshoffnung
```

(*Frankfurter Rundschau*),

```
            Das Beständige im Leben ist der Wandel
```

(*Straubinger Tagblatt*),

```
            Mit Verabschiedung geht Ära zu Ende
```

(*Allgemeine Zeitung*, Mainz),

```
            Unglückliche Ehen gibt es auch in Deutschland
```

(die Münchner Boulevardzeitung *tz*),

© Springer Fachmedien Wiesbaden 2015
D. Esslinger, W. Schneider, *Die Überschrift*, Journalistische Praxis,
DOI 10.1007/978-3-658-05755-8_2

> Aktienverlust schmerzt

(*WAZ*)
– ja, das sind Sätze von zeitloser Gültigkeit, man könnte sie in Marmor meißeln. Man kann es nur auch bleiben lassen.

Null-Aussage Dann gibt es jene Titel, die zwar nicht seit Jahrtausenden zutreffen, aber seit Jahrzehnten einen etwas zu geringen Überraschungseffekt haben:

> Lübeck - Tor zum Norden

oder

> Bali einmal anders

oder

> Lesen im Frühling

(eine Seite-1-Schlagzeile in der *Zeit, am 13. März 2014*) oder die Hauptzeile

> Schüler, Lehrer und Eltern feierten
> Jubiläum mit vielseitigem Programm

in den *Westfälischen Nachrichten*. Die *Süddeutsche Zeitung* brachte im September 2006 unter der langweiligen, aber wenigstens nicht peinlichen Hauptzeile

> Die Stimmen der Opfer

eine Unterzeile für Sechsjährige:

> Saul Friedländers meisterhafte Gesamtdarstellung des
> Holocaust zeigt: Die Vernichtung war geplant und gewollt

Auch jene Überschrift in der längst eingestellten Zeitschrift *Sports*, die da hieß

> Steffi Graf: Ich bin mir selbst ein Rätsel

sagte wenig mehr als nichts – nämlich höchstens eins von beiden: dass jeder sich zum Rätsel werden kann, wenn er nur lange genug in den Spiegel schaut, oder dass Grafs Manager es für angezeigt hielt, ihr Image mit einem halben Pfund preiswerter Rätselhaftigkeit auszupolstern.

2.1 Von der Schwierigkeit klarer Aussagen

Ungelöste Rätsel Und da sind die Überschriften, die zwar vielleicht etwas meinen – aber was, das sagen sie nicht:

```
Auf allen Ebenen wichtige Phänomene
```

(*Kölner Stadt-Anzeiger*). So sollte eine Hauptzeile wohl nicht lauten, selbst wenn die Unterzeile sie erklärte; in diesem Fall erklärte sie nichts:

```
Gespräch mit dem Pop-Experten Uwe Hußlein
```

heißt die Unterzeile, und die Phänomene bleiben im Wesenlosen schweben. Mehr davon:

```
Ungewohnt Neues konfrontiert mit unbekannt Altem
```

(*Luzerner Neueste Nachrichten*)

```
Beim Leergut saßen viele Brunnen auf dem Trockenen
```

(*Rheinische Post*)

Die Unterzeile – nicht zuletzt dazu da, Rätsel zu lösen, wenn die Hauptzeile sie gestellt hat – versagt leider ziemlich oft vor eben dieser Aufgabe. In der *Neuen Zürcher Zeitung*:

```
Wirrnis in Lebensmustern „Merryn" von Esther Dischereit
```

In der *Neuen Osnabrücker Zeitung*:

```
Anspruchsvoll

Lachenmann und Spahlinger bei Rabus
```

Bei einem zwielichtigen Sachverhalt – was macht man da?

```
Israel ächtet Folter
```

stand einmal in der *Frankfurter Rundschau* über dem Einspalter, wonach Israel die UN-Konvention gegen die Folter unterzeichnet hatte; gleichzeitig aber betonte die israelische Regierung, demselben Text zufolge, sie halte es nicht für einen

Widerspruch zu dieser Konvention, „gemäßigten körperlichen Druck auszuüben". Salopp ließe sich also der Tatbestand mit dem Satz „Israel will nur noch ein bisschen foltern" beschreiben; die Überschrift beschränkte sich auf einen der beiden Aspekte und war folglich irreführend. Da aber zwei Aspekte fast nie in eine Zeile passen, bliebe nur eine Lösung von der Art, wie sie in den meisten Redaktionen verpönt ist:

```
              Israel und die Folter
```

Am größten wird das Problem, wenn die Redaktion offensichtlich nicht imstande war, das Zwielichtige des Sachverhalts auch nur zu erkennen, geschweige denn zum Gegenstand des Bemühens um eine saubere Formulierung zu machen. Nirgends scheint die Versuchung, hinter dem eigenen intellektuellen Standard zurückzubleiben, so groß zu sein, als wenn der Journalist sich auf das Glatteis der Überschrift begibt.

Grobe Irreführung Da berichtete die *Berliner Morgenpost am 14.7.2011* über die Plagiatsaffären mehrerer Politiker. Die Zeile dazu war:

```
      "Betrüger werden auffallend oft Politiker"
```

und die Unterzeile teilte mit, von wem das Zitat stammte:

```
   Uni-Präsident Dieter Lenzen fordert Konsequenzen aus den
                      Plagiatsaffären
```

Nur dass dies leider eine glatte Irreführung war. Es las sich so, als habe Lenzen, der Präsident der Hamburger Uni, ganz generell über die weitere Berufswahl von Betrügern gesprochen. Wie man dem Text entnehmen konnte, sagte er jedoch etwas ganz anderes: „Es ist schon auffällig, dass diese Betrüger so oft Politiker werden." Die Weglassung des Wortes „diese" in der Hauptzeile gab dem Zitat einen ganz neuen, vom Zitatgeber nicht beabsichtigten Sinn.

Wenn die 1 nicht weiß, was die 3 berichtet Die *Süddeutsche Zeitung* stellte eine Zweigleisigkeit her, indem das eine Ressort sich nicht mit dem anderen abstimmte – oder sich von ihm mal belehren ließ. Das Beispiel ist zwar eine Ewigkeit her, aber immer noch typisch. Am 11. Juni 1985 machte sie mit der Schlagzeile auf:

```
         Strauß will Kohl weiter unterstützen
```

Dreierlei daran war kurios:

1. *Weiter* unterstützen" unterstellte, dass Strauß den Bundeskanzler bis dahin unterstützt hätte – ein offensichtlicher Unsinn nach dem Wissensstand aller deutschen Journalisten.
2. Im fetten Vorspann unter der Schlagzeile hieß es, „aus heutiger Sicht" sehe die CSU keinen Grund, für die nächste Bundestagswahl an einen anderen Kandidaten als Kohl zu denken – eine wesentlich schwächere Aussage als in der Überschrift.
3. Hätte nun aber die Redaktion weder die Übertreibung erkannt noch den zu erwartenden Wissensstand gehabt, so hätte sie ihren Fehler immer noch durchschauen können, wäre ihr nur auf Seite 3 derselben Ausgabe die Unterzeile der vierspaltigen Überschrift aufgefallen:

```
Für Strauß bleibt das Dilemma, Helmut Kohl unterstützen zu
    müssen, ihn aber eigentlich lieber stürzen zu sehen
```

Da war es (unter der Hauptzeile Das Bayerische Fanfarenspiel) gelungen, zwei einander durchkreuzende Aspekte auf die Formel zu bringen – freilich in 109 Anschlägen, weit mehr, als für die Schlagzeile zur Verfügung stehen. Wie hätte deren Problem sich lösen lassen? Nicht einmal allzu schwierig:

```
            Strauß hält vorerst zu Kohl
```

(27 Anschläge, Platz vorhanden). Das wäre korrekt gewesen, und dem Leser hätte es die notwendige Einladung zum Misstrauen überbracht – und dies beides ist eigentlich das Mindeste:

- nichts Falsches behaupten, weder vorsätzlich noch fahrlässig, und
- sich nicht treuherzig zum unbezahlten PR-Agenten politischer Absichten machen lassen.

2.2 Kommentar in der Nachrichten-Überschrift?

Die Mehrzahl der westdeutschen Zeitungen folgt seit 1945, der ostdeutschen seit 1990 bei den politischen Nachrichten dem angelsächsischen Modell:

Übersicht

- Die Nachricht ist heilig.
- Nachricht und Kommentar sind strikt zu trennen.

Doch hat das Prinzip ein paar sprachliche Tücken, gerade in der Überschrift; von vielen Journalisten wird es schweigend unterlaufen und von manchen ausdrücklich zurückgewiesen. Auch diejenigen Redaktionen, die auf den Grundsatz „Die Nachricht ist heilig" eingeschworen sind, wenden ihn strikt nur in der Politik, mit Abstrichen in der Wirtschaft und im Lokalteil an. Im Vermischten gilt eine leichte Kommentierung, zumal in der Form der Ironie, im Allgemeinen als erlaubt; in Kultur und Sport ist die Vermischung von Nachricht und Meinung gang und gäbe.

Das hat auch ein Quantum Vernunft Die gefärbte, die polemische Überschrift liest sich ja meist lebendiger, sie hat mehr Saft – also lässt man sie dort zu, wo sie politisch nicht Partei ergreift. Zu der asketischen Form der meinungsfreien Schlagzeile zwingt die Redaktion sich da, wo sie Informationen liefert, die das Weltbild und die Wahlentscheidung ihrer Leser beeinflussen können. Freilich:

Gibt es die meinungsfreie Überschrift? Lassen sich Kommentar und Nachricht überhaupt trennen? Gibt es „Objektivität"? Viele Journalisten sagen: Nein. Sie hängen der Lehre an, die Trennung von Kommentar und Nachricht sei nicht nur entbehrlich, sondern ganz und gar unmöglich, der Wunsch nach Objektivität eine bloße Schimäre; man tue also nur das Unvermeidliche und sei zugleich fair gegenüber Lesern und Hörern, wenn man sich offen zur Parteilichkeit des eigenen Standpunkts bekenne. Natürlich lässt sich „Objektivität" jederzeit so definieren, dass jeder journalistische Text vor ihr durchfällt. Doch was sich bewerkstelligen lässt, wenn man es nur will, reicht für den journalistischen Alltag aus:

Unparteilichkeit lässt sich erreichen, Fairness oder wenigstens das Bemühen um sie. Die Nachrichten-Agenturen schaffen es Tag für Tag und leben davon, dass ihre politischen Nachrichten keinerlei parteiliche Färbung erkennen lassen. Manchmal wäre es so leicht. Als die rheinland-pfälzische Landesregierung 2011 Lehrerstellen kürzte, demonstrierten in vielen Städten Schüler und Eltern dagegen. Über die Demo in Frankenthal berichtete die *Rheinpfalz* am 21.6.2011 so:

```
        Mit Vuvuzelas gegen Bildungsklau
```

Muss man sich darüber streiten, dass hier eine Parteinahme im Gewand der Nachricht daherkam? Wer mit „Bildungsklau" operiert, hat offenbar nicht die Absicht, einen Mangel an Schulunterricht mitzuteilen, er will kommentieren. Er macht sich eine Parole von Demonstranten zu eigen. Also sollte er nicht behaupten, man könne der Parteilichkeit ohnehin nicht entrinnen. Man kann:

2.2 Kommentar in der Nachrichten-Überschrift?

> Mit Vuvuzelas gegen Kürzungen

Offene Polemik gegen die unparteiliche Überschrift bleibt dabei die Ausnahme. Erheblich größer ist die Zahl der Redaktionen, die zwar eindeutig kommentierende Überschriften machen, sich jedoch die Freiheit nehmen, den Leser darüber im Unklaren zu lassen.

Den Verzicht auf die Trennung von Kommentar und Nachricht praktizieren die Mehrzahl der politischen Fernsehmagazine und so unterschiedliche Blätter wie der *Stern*, die *Neue Zürcher Zeitung* (im Geist ihres Gründungsjahrs 1780), die *taz* (im Geist von 1968), das *Neue Deutschland* (auch nach dem Fall der Mauer) und auch *spiegel.de*, das ja eine Nachrichtenseite, aber kein Nachrichtenmagazin sein will. Im *Neuen Deutschland* las man mal:

> 300.000 von einst 9 Millionen Arbeitsplätzen gesichert
>
> Eine „tolle" Aufschwungleistung

In der *Neuen Zürcher Zeitung* bringt die Überschrift häufig die komplette Bewertung eines politischen Vorgangs:

> Unerfüllbare Forderungen Irans an die USA

Völlig ungetarnte Kommentare gibt es auch, zum Beispiel in der *Berliner Zeitung*:

> Politiker drücken sich vor der Verantwortung
>
> Schwere Vorwürfe nach den Krawallen in Rostock

Und bei *spiegel.de* (21.3.2014):

> Europas weise Zurückhaltung

Die *taz* liebt die deftige Kommentierung

> Asylrecht zum Abschuss freigegeben

oder

> Schüssel mit Sprung

(über den damaligen österreichischen Bundeskanzler) und macht sich oft einen Spaß daraus, diese in flapsiger Form anzubieten; so am 9.5.2012 in ihrem Aufmacher zur geplatzten Eröffnung des Berliner Flughafens:

> Berlin kriegt keinen hoch

Oder, in ironischer Abwandlung des NDR-Slogans „Das Beste am Norden":

> Das Zweitbeste im Norden - Der NDR verliert seine Hörer

Im Wirtschaftsteil, noch mehr im Auto- und im Reiseteil geben etliche Zeitungen die Trennung von Nachricht und Meinung preis, auch wenn sie sie in der Politik zu praktizieren versuchen. Da liest man dann:

> Mercedes setzt neue Maßstäbe

(*Die Welt*). Die *Kieler Nachrichten* (als sie zu 24,5 Prozent im Besitz des Axel-Springer-Verlags waren, der damals einen Chef namens Wille hatte) machten einmal aus der Kern-Nachricht einer Springerschen Bilanzpressekonferenz (Überschuss des Milliarden-Unternehmens: 11 Millionen, Gewinnausschüttung: Null) die Überschrift:

> Wille weist den Weg: Springer auf Innovationskurs

Schlagzeilen mit Schlagseite Die *Welt*, die *Frankfurter Rundschau* und die *Berliner Zeitung* bieten häufig eine nicht definierte Mischform aus Kommentar und Nachricht an:

> Affront gegen Bush

überschrieb die *Welt* die Meldung, dass der Auswärtige Ausschuss des US-Senats die Nominierung von John Bolton zum Botschafter bei der UNO nochmals in der Schwebe gelassen habe. Da bewegt sich die Wortwahl in jener Grauzone, in der sich nichts beweisen, jedoch auf die politische Absicht schließen lässt: nämlich den Lesern klarzumachen, dass sich ein solcher Widerspruch gegen einen Präsidenten nicht gehört. Also benutzt die Redaktion das tadelnde Wort Affront.

Als sich eine Erhöhung der Rundfunkgebühren abzeichnete, die den Intendanten von ARD zu niedrig, der *Welt* aber zu hoch war, gebar sie die Schlagzeile:

2.2 Kommentar in der Nachrichten-Überschrift?

```
ARD und ZDF beklagen sich über Mehreinnahmen
```

Auch die *FAZ* hält sich nicht frei von solchen Ausflügen in die Parteilichkeit. Bei Kommunalwahlen in Niedersachsen hatte die SPD 0,3 Prozentpunkte, die CDU 2,9 verloren; daraus wurde die Überschrift:

```
CDU in Niedersachsens Kommunen wieder stärkste Partei
```

(richtig)

```
                  Starke Verluste der SPD
```

(völlig schief)

Und *bild.de* schaffte es (21.3.2014), in der Dachzeile zu kommentieren und in der Hauptzeile zu berichten:
Dachzeile:

```
                    Maria, hör auf!
```

Hauptzeile:

```
             Höfl-Riesch beendet ihre Karriere
```

Absicht oder Panne? Manchmal schwer zu erkennen.

Kommentar durch Ironie Die Ironie hat eine kommentierende Absicht. Im Vermischten ist sie ein häufiges und wohl legitimes Stilmittel; im politischen Teil nicht. Als einst Ludwig Erhard von Konrad Adenauer zum fünften Mal öffentlich niedergemacht worden war und zum fünften Mal seine Aussöhnung mit dem Kanzler bekannt gab, wählte die *Süddeutsche Zeitung* eine Überschrift, die durch ihre ungewöhnliche Form das Lächerliche der Prozedur veranschaulichen sollte:

```
            Erhard: Bin mit Adenauer versöhnt
```

Als Franz Josef Strauß 1979 wieder einmal von einer Ausdehnung der CSU aufs gesamte Bundesgebiet sprach, wobei er anmerkte, er sei zwar frei von Größenwahn, aber ... lieferte die *Süddeutsche* auf Seite 1 die Überschrift:

```
          Strauß sieht sich frei von Größenwahn
      Bei bundesweitem Auftreten der CSU möglicherweise
                  noch besseres Ergebnis
```

Konzediert, dass es sich um eine der pfiffigsten Überschriften der Zeitungsgeschichte handelt, muss man leider dagegenhalten: Aus einer rhetorischen Anmerkung diese Schlagzeile zu machen, das war ein drastischer Kommentar. Ähnlich heikel und witzig die Schlagzeile in der Münchner *tz*, als das Projekt Transrapid endgültig aufgegeben wurde. In Anspielung auf die legendäre Stoiber-Rede zum Transrapid titelte das Blatt:

> Äh, äh ... aus!

Das *Zeitmagazin* druckte am 22.6.2011 eine Fotoreportage über Engländer, die in allerlei Union-Jack-Kostümierungen die Hochzeit von William und Kate begingen:

> God save the spleen.

Das ist eine weithin akzeptierte und wohl akzeptable Form der Ironie, weil es sich nicht um eine politische Nachricht handelt.

Grenzstreitigkeiten der Sprache Wenn oben von den sprachlichen Tücken des Prinzips „Die Nachricht ist heilig" die Rede war, so ging es nicht um Tücken von Redakteuren, sondern um solche, die die Sprache selber gegen uns wendet. Wird der Aufstand in einem fernen Land von Terroristen, von Guerrilleros, von Rebellen oder von Freiheitskämpfern unternommen? Meistens wissen wir zu wenig, als dass wir uns auf eines von vieren festlegen sollten. Aber ein ganz unparteiliches Wort steht gar nicht zur Verfügung – Aufständische höchstens, aber das ist ein sperriges Wort. Ähnlich bei den schlichten Wörtern fast und knapp: Schreibe ich

> fast 10.000 Demonstranten,

so sage ich, dass ich das viel finde; schreibe ich

> knapp 10.000 Demonstranten,

so signalisiere ich Knappheit oder Mangel. Wenn die Nachrichtenlage mir verbietet, von

> etwa 10.000 Demonstranten

zu sprechen, muss ich also ein bisschen Partei ergreifen. Der Redakteur sollte das wenigstens zugeben und nicht behaupten, er verwende ein neutrales Wort.

Oft lässt sich darüber streiten, ob ein Wort oder eine Wortverbindung nur berichtet oder eine Färbung mitliefert.

```
Die CDU ist im Aufwind, meint Merkel
```

kann einerseits heißen: Sie hat es gesagt, und ich benutze meinen nur als Synonym für sagen (was ich eigentlich nicht tun sollte, schon weil Meinen ein stummer Vorgang ist). Andererseits kann es bedeuten, dass der Redakteur dem Leser zublinzelt, ihm gleichsam signalisiert: „Was diese Merkel so alles meint! Wir verstehen uns doch?" Da liegt eine Art bedingter Vorsatz vor, nach dem Motto: Man muss es ja nicht so verstehen, aber wenn man es so versteht, habe ich auch nichts dagegen. Der bedingte Vorsatz markiert die Schnittstelle zwischen jener Parteilichkeit, die aus dem ausdrücklichen getarnten Vorsatz folgt, und der anderen, die bloß das Produkt *fahrlässigen* Umgangs mit der Sprache ist. Von der handelt der folgende Beitrag.

2.3 Die fahrlässige Kommentierung

Ist es erstrebenswert, Meinungen, Wertungen, Beurteilungen zu verbreiten, *ohne* dass man es möchte, ja ohne dass man es auch nur merkt? Wohl nicht. Doch in der Nachrichtenbranche geschieht dies tausendfach, und die Überschrift, mit dem Zwang zur Verkürzung, hebt auch hier alle Nachteile der Nachricht in die Potenz.

Die Sprache ist voll von parteilichen Wörtern, denen nicht jeder dies anmerkt und die bei eiliger Routine in die Überschrift einfließen. Wenn die IG Metall mit einem Streik droht, so ist das Drohen eine korrekte und unparteiische Wortwahl. Die übliche Floskel

```
In der Metallindustrie droht ein Streik
```

jedoch suggeriert dem Leser, dass ein Streik etwas Bedrohliches sei, ergreift also de facto Partei gegen die Gewerkschaft.

Die Gleichsetzung der Worte eines Redners mit seinen wahren Absichten und Meinungen ist die beliebteste und eine offenbar unausrottbare Form der fahrlässigen Kommentierung. Als die FDP im Jahr 2013 darum kämpfte, es doch nochmal in den Bundestag zu schaffen, titelte die (mittlerweile geschlossene) Nachrichtenagentur *dapd*:

```
            Rösler ist von Wahlerfolg der FDP überzeugt
```

Das war natürlich ein Unding – als ob Rösler in diesem Wahlkampf keine Umfragen mitbekommen, keine Stimmungen gespürt hätte! Jeder FDP-Politiker mag darauf gehofft haben, dass es bei der Bundestagswahl wieder reichen würde. Aber kein FDP-Politiker bei Verstand konnte davon überzeugt sein: Jeder musste sich allerdings überzeugt geben. Hätte man schon Verzagtheit ausgestrahlt, man hätte gar nicht erst anzutreten brauchen. Wer hätte 1000 Euro darauf gewettet, dass Röslers Worte seine wahre Überzeugung widerspiegelten? Wenn aber ein Redakteur nicht wetten will – wie kann er eben das behaupten, wofür sein Geld ihm zu schade wäre?

Schon eine bescheidene Lebenserfahrung könnte jeden Journalisten daran hindern, die Worte eines Redners mit dessen Gedanken zu verwechseln, ja, sich sogar in die Rolle eines unbezahlten PR-Agenten zu begeben. Erst recht, wenn es sich dabei nicht um demokratische Politiker handelt. Wie aber schrieb die *Süddeutsche Zeitung* am 5.3.2014 während der Krim-Krise:

```
            Putin will keine Eskalation - vorerst
```

Immerhin drückte sie hinter dem Gedankenstrich ihre Skepsis aus, dass womöglich nicht stimmte, was sie vor dem Gedankenstrich schrieb.
Und das *Handelsblatt*, am selben Tag, zum selben Thema, in jeder Hinsicht ähnlich wie die *SZ*:

```
     Kreml-Chef sieht keinen Anlass für Militäraktion in der
                        Ukraine - derzeit
```

Woher wissen deutsche Journalisten, was ein russischer Autokrat will und was er sieht? Ohne Putins Agieren in jenen Tagen hätte sich die Frage nach einer Eskalation doch gar nicht gestellt, und die Zeile des Handelsblatts war sogar besonders grotesk: Die Militäraktion, zu der Putin angeblich keinen Anlass sah, hatte er längst begonnen – indem er Soldaten ohne Hoheitsabzeichen auf den Uniformen zahlreiche Orte auf der Krim einnehmen ließ. Richtig machte es an dem Tag die *FAZ*. Sie titelte

```
        Putin: Militäreinsatz derzeit nicht notwendig
```

Diese Zeile beschränkte sich auf das, was gewiss ist – was Putin gesagt hat. Der Doppelpunkt kündigte das Zitat an. Die Zeile verzichtete aber darauf, das zu

2.3 Die fahrlässige Kommentierung

versuchen, was nur schief gehen kann: Gedankenleserei bei Wladimir Putin zu betreiben.

Politiker und Interessenvertreter kennen ein höheres Gut als die Wahrheit – sonst wären sie es nicht. Wann hätten ein Wirtschaftsminister oder ein Zentralbankchef je eine pessimistische Konjunkturprognose abgegeben? Das dürfen sie gar nicht, denn eine solche Prophezeiung aus ihrem Munde würde ihre eigene Erfüllung nach sich ziehen: Die Konjunktur würde sich verschlechtern, *weil* der Wirtschaftsminister es prophezeit – und damit die Neigung, zu konsumieren und zu investieren, gedrosselt hätte. Nun sagte also der damalige Wirtschafts- und Arbeitsminister Wolfgang Clement, am Arbeitsmarkt sei die Wende erreicht. Die *Süddeutsche Zeitung* verwandelte dies in die Schlagzeile

```
Clement sieht Wende am Arbeitsmarkt erreicht
```

Er sieht! Weiß nicht sogar jeder Student der Volkswirtschaft spätestens im zweiten Semester, dass zwischen der Konjunkturprognose eines Politikers und seiner eigentlichen Ansicht jeder erdenkliche Zusammenhang bestehen kann und keinerlei Zusammenhang bestehen muss? Aber die *Süddeutsche* gab vor, sie wisse, womit Clement rechnet! Auf die Frage „Können Sie beeiden, dass Sie wissen, womit Clement rechnet?" würden neun von zehn Redakteuren antworten: „Um Gotteswillen, nein!" Warum aber setzen sie eine Behauptung in die Überschrift, die sie nicht beeiden würden? Beeiden ließe sich nur eine Zeile analog zu der Putin-Lösung aus der FAZ, also

```
Clement spricht von Wende am Arbeitsmarkt
```

oder

```
Clement: Wende am Arbeitsmarkt ist erreicht
```

Die Lüge gehört zum Handwerkszeug – von allen nur denkbaren Menschen, die Interessen vertreten oder durchsetzen wollen; seien es ihre eigenen, seien es die von Institutionen, in deren Namen und Auftrag sie agieren. Im Februar 2014 versuchte der damalige Präsident der Ukraine, Viktor Janukowitsch, die Proteste gegen ihn mit Gewalt niederzuschlagen. Sein Staatssicherheitsdienst kündigte einen „Anti-Terror-Einsatz" an. Das war nun besonders dreist: Überwiegend friedlich hatten Zehntausende Menschen monatelang gegen ihn demonstriert, während Schergen des Systems bereits immer wieder einzelne Oppositionelle entführt und gefoltert und auch umgebracht hatten. Es sprach daher viel dafür, dass der „Anti-Terror-Einsatz" in Wahrheit ein Terror-Einsatz war. Trotzdem übernahm die *FAZ am 20.2.* in einer Unterzeile bedenkenlos die Wortwahl des Staatssicherheitsdienstes:

```
Kämpfe, Plünderungen, Besetzungen/Landesweiter
Anti-Terror-Einsatz/EU droht mit Sanktionen
```

Die *Süddeutsche* hingegen gab zu erkennen, dass sie Janukowitsch seine Formulierung nicht abnahm. Sie brachte dies durch ein simples Mittel zum Ausdruck – indem sie den Begriff als Zitat kennzeichnete:

```
Janukowitsch startet „Anti-Terror-Aktion"
```

Manchmal blamieren Redner ihre nützlichen Idioten in den Medien. Im Sommer 2003 bemühte sich der FC Bayern München wochenlang um den Stürmer Roy Makaay, der aber noch beim spanischen Verein Deportivo La Coruna unter Vertrag stand. Wochenlang feilschten die beiden Klubs um die Ablösesumme. Nachdem die Bundesliga-Saison bereits begonnen hatte und noch immer keine Einigung erzielt war, sagte der Vorstandschef des FC Bayern, Karl-Heinz Rummenigge, dem *Sportinformations-Dienst (sid)*, er sehe die Chancen „nur noch bei zehn Prozent", dass der Wechsel klappen werde. Daraus machte der *sid*:

```
Selbst Rummenigge sieht die Chancen „nur noch bei zehn
Prozent"
```

Fünf Tage später war der Deal perfekt – und derselbe *sid* machte ein Interview, diesmal mit dem FC-Bayern-Manager Uli Hoeneß. Der Reporter begann mit der geradezu rührend naiven Bemerkung: „Noch am Wochenende klang es bei Ihnen so, als hätten Sie den Transfer mit Roy Makaay schon abgehakt." Worauf er zur Antwort bekam: „Ja gut, wir haben auch nicht immer die Wahrheit gesagt." Hoeneß und Rummenigge werden vom FC Bayern nicht dafür bezahlt, dem *sid* bei jeder Anfrage die Wahrheit zu sagen. Sie werden dafür bezahlt, dass sie dem Klub eine international konkurrenzfähige Mannschaft zusammenstellen. Um das zu erreichen, müssen sie halt manchmal täuschen, tricksen, tarnen – wenn der *sid* sich ahnungslos dazu benutzen lässt: umso besser. Für den FC Bayern. Nicht für den Zeitungsleser, der doch zuverlässige Information erwartet. Auch hier wäre, analog zum Fall Clement, nur eine Lösung in Frage gekommen:

```
Rummenigge: Chance nur noch bei zehn Prozent
```

2.3 Die fahrlässige Kommentierung

Das törichte „Bekräftigen" Eine ebenfalls verbreitete Form fahrlässiger Kommentierung ist, dass ein Politiker oder Gewerkschaftsführer eine Entschlossenheit bekräftigen darf, deren Vorhandensein erst einmal bewiesen werden müsste – nach dem Muster

```
Bundesregierung bekräftigt Willen zum Subventionsabbau
```

oder

```
Bsirske bekräftigt Willen zur Einigung
```

Da hat also ein Regierungssprecher etwas gesagt, und nun kommt zweierlei zusammen, was aus dem richtigen sagen das falsche bekräftigen macht:

- Er hat es nicht zum ersten Mal gesagt; wenn der Journalist trotzdem etwas Neues darin finden möchte, muss er es ihn also *bekräftigen* lassen.
- Das Sagen steht bei den Agenturen ohnehin in geringem Ansehen: Gern putzen sie jede Rede auf, indem sie den Redner unablässig betonen, unterstreichen, zurückweisen oder bekräftigen lassen (unbezahlte PR-Agenten auch sie).

Die Bundesregierung hat also zum hundertsten Mal versprochen, die Subventionen abzubauen; ob sie den ernstlichen Willen dazu hat, darf bezweifelt werden. Folglich ist es Unsinn, sie das, was sie wahrscheinlich nicht hat, „bekräftigen" zu lassen.

Vier Grenzfälle der Kommentierung in der Überschrift zum Schluss:

1. Die rundum falsche Kommentierung Die Überschriften von der Machart „Regierung *bekräftigt* ihren Willen ..." sind zwar im Effekt auch falsch, doch folgt die Fehldeutung dort aus schlampigem Umgang mit den Wörtern. Man mag sich streiten, ob es weniger schlimm oder ob es schlimmer ist, wenn der Redakteur die Nachricht von Grund auf falsch versteht. Der Starnberger „Studienkreis für Tourismus" teilt also mit, 38 Prozent der Deutschen hätten im Vorjahr ihren Urlaub in Deutschland verbracht, mehr als in jedem anderen Land. Daraus machen die Agenturen das Lead „Das beliebteste Urlaubsziel der Deutschen ist nach wie vor Deutschland" und etliche Zeitungen die Überschrift:

```
Deutsche reisen am liebsten im eigenen Land
```

Wollten die Redakteure damit für die deutschen Ferienorte werben – oder haben sie nicht gemerkt, dass sie warben, und zwar mit Hilfe einer mutwillig gedeuteten Statistik? Gibt es nicht Millionen Menschen in Deutschland, die ungleich lieber nach Amerika reisen würden oder in die Schweiz, sich aber mehr als Ruhpolding nicht leisten können? Und gehen in die Statistik nicht auch jene Hunderttausende ein, die, da sie schon auf den Malediven waren, sich beim Zweiturlaub für Mecklenburg-Vorpommern entscheiden? Was also könnte ich beeiden?

```
Deutsche reisen am häufigsten im eigenen Land
```

Wie komme ich dazu, in die Überschrift etwas hineinzuschreiben, was ich nicht beeiden kann?

2. Die Vorwegnahme des Richterspruchs Der Mordverdächtige, der des Mordes Beschuldigte oder Angeklagte darf nach abendländischem Rechtsverständnis so lange nicht „Mörder" genannt werden, bis er rechtskräftig als Mörder verurteilt worden ist. In der Theorie herrscht darüber Einvernehmen unter Journalisten; an der Praxis zerschellt die Theorie ziemlich oft – denn sie führt zu schmerzlichen Nachteilen. Nicht genug damit, dass der Journalist schrecklich lange auf das endgültige Urteil darüber warten soll, ob der Verdächtige die Tat überhaupt begangen hat; er darf nicht einmal die *Tat* als „Mord" bezeichnen, weil der mutmaßliche Täter damit als *Mörder* abgestempelt wäre – obwohl das Tötungsdelikt vielleicht als Totschlag, Körperverletzung mit Todesfolge, fahrlässige Tötung oder Tötung in Notwehr eingestuft wird. Die Boulevardzeitungen ertragen es aber nicht, monate- oder jahrelang auf die Korrektheit des Wortes „Mord" zu warten. Und oft genug ertragen es seriöse Zeitungen ebenso wenig.

Als die beiden Skinheads verhaftet worden waren, die Anfang der neunziger Jahre in Mölln ein Haus angezündet hatten, in dem drei Türkinnen umkamen, da wimmelte es nur so von Mord und Mördern: `Die Morde von Mölln` schrieb die *Berliner Zeitung*. `Vermutlich der zweite Mörder von Mölln` sei gefasst worden, berichtete die *Süddeutsche Zeitung*. Die Schlagzeile des *Kölner Stadt-Anzeigers* hieß:

```
Rechtsradikale gestehen Morde von Mölln
```

– aber das können sie gar nicht: Die *Tat* haben sie gestanden; ob die Tat ein Mord war, entscheiden nicht die Geständigen, sondern ihre Richter. In all der Aufregung konnte man es aber auch richtig machen:

2.3 Die fahrlässige Kommentierung

> Skinheads gestehen Anschläge von Mölln

(*General-Anzeiger, Bonn*).

> Zwei Männer geben Attentate von Mölln zu

(*Frankfurter Rundschau*)

> Das Verbrechen von Mölln ist aufgeklärt
>
> Die beiden Verdächtigen haben gestanden

(*FAZ*)

3. Die Kommentierung durch eine rhetorische Frage Der Präsident des Metall-Arbeitgeberverbandes äußert sich kritisch über Demonstrationen in Ostdeutschland, und das *Handelsblatt* macht daraus

> Investitionen durch Proteste?

(Parteinahme für Gesamtmetall). Der Polizeipräsident von Berlin erklärt, die Festnahme von 500 jugendlichen Randalierern habe keine politischen Hintergründe; die *Berliner Morgenpost* macht daraus:

> Keine politischen Motive hinter den rechtsradikalen Gewaltakten?

(Parteinahme gegen den Polizeipräsidenten).

4. Der unfreiwillig entlarvende Kommentar Die *taz* interviewte einen Aussteiger aus der „Rote-Armee-Fraktion" (RAF) und machte daraus den Aufmacher:

> Die RAF war kein demokratischer Verein

Für 99 von 100 Deutschen war das keine Nachricht, sondern eine Binsenweisheit. Die Schlagzeile war indessen eine Nachricht über die Redaktion der *taz*: Wer diese Überschrift wählte, für den war das Undemokratische an der RAF offenbar eine Neuigkeit; bis gestern hatte er sie demnach für demokratisch gehalten. In diesem Sinne mag es sich freilich auch um News für viele Leser der *taz* gehandelt haben.

> **Vier Faustregeln**
> folgen aus dieser Fülle der Warnungen und der Aspekte:
>
> 1. Der Redakteur möge den *Willen* haben, politische Nachrichten mit strikt unparteilichen Überschriften zu versehen.
> 2. Der Redakteur möge aus diesem Willen folgern, dass er seine Worte wägen muss, um nicht in den fahrlässigen Kommentar zu stolpern.
> 3. Ironie passt zu vermischten Nachrichten und zu Kommentaren aller Art; über der politischen Nachricht ist sie deplatziert.
> 4. Wer aber den Willen zur unparteilichen Nachrichtenüberschrift nicht hat, der möge dies seinen Lesern anschaulich machen, zum Beispiel durch eine Fußleiste wie die Warnung auf den Zigarettenschachteln: „Achtung! Nachrichten bringen wir nicht" oder „Wir sind ein Meinungsportal".

2.4 Die Falschaussage

Wenn die Überschrift eine schlechthin falsche Information vermittelt, so hat sie ihren Tiefpunkt erreicht. Leider ist diese Form der uneidlichen Falschaussage nicht einmal selten. Sie tritt in sechs Formen auf.

1. Falschmeldung durch fahrlässige Wortwahl eine Unsitte, von der der vorige Beitrag handelte – der Redakteur nimmt die Worte eines Politikers als Beweis für seine wahren Absichten und Überzeugungen:

```
            Steinbrück hält Sieg für möglich
```

oder

```
            Schmidt will nicht Kanzler werden
```

– das erste stand vor der Bundestagswahl 2013 in der *Augsburger Allgemeinen*, das zweite war die Schmach des *Hamburger Abendblatts* von 1974. Bewiesen war da gar nichts; die Wahrscheinlichkeit sprach umgekehrt dafür, dass Steinbrück einen Sieg gegen Merkel für unmöglich hielt und Helmut Schmidt durchaus Bundeskanzler werden wollte; sieben Wochen später war er's auch.

2.4 Die Falschaussage

2. Falschmeldung durch Fehleinschätzung des Nachrichtenstoffs, zum Beispiel wie im vorigen Beitrag ausgeführt: Wenn die Deutschen *am häufigsten* in Deutschland verreisen, darf man weder im Text noch in der Überschrift behaupten, sie verreisen *am liebsten* in Deutschland. Oder Fehleinschätzung dadurch, dass der Redakteur einen Teil des Sachverhalts wieder vergessen hat, in dem Moment, da er sich ans Titeln macht.

```
Saddam will sich erschießen lassen
```

schrieb die *FAZ* über den früheren irakischen Diktator und erweckte den Anschein, der Mann sei nun des Lebens müde. Richtig machte es dagegen die *Süddeutsche*:

```
Saddam will lieber Kugel als Strick
```

Denn Saddam Hussein hatte nicht gesagt, dass er hingerichtet werden will, sondern nur eine bevorzugte Hinrichtungsart genannt – da er richtigerweise annahm, dass er zum Tode verurteilt werden sollte.

3. Falschmeldung durch Leichtgläubigkeit Hier fällt die Redaktion nicht in die Grube ihres unzulänglichen Sprach- und Politikverständnisses, sondern mit ganz unproblematischen sprachlichen Mitteln stellt sie leichtfertig eine Behauptung auf, mit der sie Schiffbruch erleiden kann. Der *Münchner Merkur* konnte in der Nacht zum 3. November 1948 nicht länger auf das Ergebnis der amerikanischen Präsidentschaftswahlen warten, ohne das Ergebnis aber wollte er nicht erscheinen, die Hochrechnung war noch nicht erfunden; und da alle vorherigen Meinungsumfragen Truman keine Chance gaben, fühlte sich der *Merkur* zu seiner berühmten Schlagzeile ermutigt:

```
Thomas E. Dewey Amerikas neuer Präsident
```

Die *Süddeutsche Zeitung* blamierte sich 1959: Da hatte Konrad Adenauer überraschend einen Vorschlag des Wahlmännergremiums der CDU/CSU angenommen, für das Amt des Bundespräsidenten zu kandidieren. Die christlichen Parteien konnten auf die absolute Mehrheit in der Bundesversammlung rechnen, und so durfte man Adenauers Wahl zum Präsidenten als gesichert betrachten – falls, ja falls er bei seiner Absicht blieb. Auf dieses Risiko wies die Nachrichtenredaktion den Chefredakteur hin, doch unter ihrem Protestgeheul ordnete der an, dass die Schlagzeile zu lauten habe:

```
Adenauer wird Bundespräsident
```

Es wurde bekanntlich Heinrich Lübke.

4. Falschmeldung aus Platznot Die *Frankfurter Rundschau* zitierte den SPD-Politiker Ottmar Schreiner mit der Bemerkung, die neuesten Vorschläge von CDU und CSU zu Änderungen bei Hartz IV seien „nicht einmal mehr gehobener Schwachsinn". Die Redaktion hielt das für eine so starke Äußerung, dass sie sie auch in die Unterzeile der Überschrift nahm. In den drei Spalten dort war aber für die Formulierung

```
Schreiner: Kürzungspläne für Hartz IV „nicht einmal mehr
                   gehobener Schwachsinn"
```

kein Platz. Und so stand da:

```
Schreiner: Kürzungspläne für Hartz IV „gehobener Schwachsinn"
```

Es war dies zwar nur eine leichte Aufwertung der Hartz-IV-Pläne, aber eine Verfälschung des Zitats war es gleichwohl.

5. Falschmeldung im Boulevardstil In der Schlagzeile weit mehr zu versprechen, als der Lauftext hält, ist bei Boulevardzeitungen üblich – oft mit dem Effekt der Irreführung oder der blanken Falschaussage:

```
           Merkel traut Putin alles zu
```

schrieben *Bild* und *Bild.de* am 31.3.2014, während der Krim-Krise über einen Auftritt der Kanzlerin beim EU-Gipfel in Brüssel. Im Lauftext stand:

```
„Dann der Paukenschlag: Die Kanzlerin redet Tacheles:, Es ist
   völlig unklar, was Putin will, wir wissen nicht, was er
   vorhat und als nächstes tut ...' So berichten es Teilnehmer
   der Runde gegenüber BILD. Für die Anwesenden ist die
   Botschaft glasklar: Angela Merkel traut Putin inzwischen
                         alles zu!"
```

Hier wurde der Text eindeutig auf Schlagzeile getrimmt, nach der alten Heimwerker-Regel: Was nicht passt, wird passend gemacht. Mehr über diesen Typ Falschmeldung im Beitrag „Die Boulevard-Überschrift – Schattenseite".

2.4 Die Falschaussage

6. Falschmeldungen, um aus Plattitüden einen Aufmacher zu basteln Es gab einmal Zeitschriften, deren Titelblatt jahrelang die immer selbe Vignette trug, also weder in Wort noch in Bild eine Aussage über den Inhalt des jeweiligen Heftes machte; die *Gartenlaube* war von dieser Art. Gegen Ende des 19. Jahrhunderts setzte sich dann die Technik, Fotos zu drucken, langsam durch, auch auf den Titelseiten – mit der Folge, dass die typische Zeitschrift sich mit einem nach heutigen Maßstäben schlichten Lichtbild und einer noch schlichteren Unterschrift präsentierte: „Neueste Aufnahme der Kaiserin Alexandra von Rußland" – so beispielsweise hieß die einzige Textzeile auf dem Titelblatt einer *Berliner Illustrirten* von 1906.

Erst nach dem Zweiten Weltkrieg gingen die Zeitschriften dazu über, sich mit Schlagzeilen auf dem Deckblatt oder mit einer Titelgeschichte zu verkaufen. Nun also galt es, Aussagen im Überschriften-Stil zu formulieren; und da eine aktuelle Nachricht bei Monatszeitschriften nie und bei Wochenmagazinen nur ausnahmsweise zur Verfügung stand, hatten und haben die Titelschlagzeilen meist den Charakter einer Behauptung von anhaltender Gültigkeit.

```
         Liebe - ein Wunder wird wieder entdeckt
```

behauptete zum Beispiel die *Bunte* 1983,

```
Der Sex und das Ich - Die Wiederentdeckung Siegmund Freuds
```

titelte der *Spiegel* 2006. Ein offenkundiger Unsinn also – und eine ständige Versuchung derer, die die Titelblätter der Zeitschriften gestalten müssen: Sie behaupten, Zeitströmungen entdeckt zu haben, wo im Grunde nichts sich geändert hat; nach dem Motto: *Ein* Mensch ist ein Trend, zwei sind eine Bewegung, drei sind eine Massenhysterie. Oder sie behandeln private Aha-Erlebnisse wie eine Zäsur der Weltgeschichte: „Wir müssen mal etwas über die Verlogenheit machen, die da in Bonn ausgebrochen ist", sagte einst ein bekannter Chefredakteur – obwohl in Bonn überhaupt nichts ausgebrochen war und die Verlogenheit so alt ist wie das Menschengeschlecht. Ist nun, wie so häufig, die Behauptung der Schlagzeile *an sich* falsch, so darf man immerhin handwerklich getröstet sein, wenn sie *in sich* stimmig ist.

7. Falschmeldungen mit politischer Hinterabsicht oder mit bedingtem Vorsatz. Dies ist eine Spezialität politisch engagierter Zeitschriften. Mit der Schlagzeile

```
               Barschels schmutzige Tricks
```

hat der Spiegel 1987 vermutlich die Wahlen in Schleswig-Holstein entschieden. Dass Uwe Barschel wirklich schmutzige Tricks angewendet hat, wissen wir heute. Der *Spiegel* aber stützte seine erste Titelgeschichte allein auf die Aussage eines einzelnen und noch dazu überaus windigen Zeugen, wie dem Lauftext bei sorgfältiger Lektüre auch zu entnehmen war. Die *Zeit* hat dem *Spiegel* seinerzeit unerbittlich vorgerechnet, wie hoch und wie leichtfertig er mit seiner Schlagzeile gepokert habe. Anders als der *Münchner Merkur* in Sachen Truman oder Dewey hatte der *Spiegel* Glück; anders als der *Spiegel* konnte der *Münchner Merkur* kein Wählerverhalten beeinflussen.

Der *Stern* widmete eine Titelgeschichte der Störung, die sich 1988 im Kernkraftwerk Biblis ereignet hatte. Im Lauftext hieß es:

```
Eine letzte Sicherung und die Notkühlung verhinderten den
                           Supergau.
```

Das war eine klare Aussage: Der Gau war nicht nur verhindert, sondern gleich doppelt verhindert worden, nämlich erstens durch eine letzte Sicherung und zweitens durch die Notkühlung. Die Titelschlagzeile aber hieß:

```
Zeitbombe Biblis - Die Minuten bis zum Gau
```

Das war so, als wenn ich „Die Sekunden bis zum Unfall" schriebe, wenn ich rechtzeitig vor einer Mauer mein Auto bremsen kann. Einen Unfall gab es eben nicht. Der *Spiegel* fragte in der Dachzeile einer Titelgeschichte:

```
Mit Atomstrom aus der Klimakatastrophe?
```

und setzte darunter die Schlagzeile:

```
Die Kernkraft-Lüge
```

Das konnte nur bedeuten: Erstens, die Kernkraft rettet uns nicht vor der Klimakatastrophe, und zweitens, darüber wird gelogen, also von irgendjemandem vorsätzlich die Unwahrheit verbreitet. Der Lauftext wirkte wie ein überaus gelungener Versuch, die Schlagzeile zu widerlegen. Er zitierte und bestätigte die Aussage der „Atomlobby", dass die Aufheizung der Erdatmosphäre durch Kohle- und Ölkraftwerke dann vermindert werden könnte, wenn mehr Atomkraftwerke gebaut würden. Der *Spiegel* argumentierte jedoch: In Anbetracht der Sicherheitsrisiken, die bei Kernkraftwerken nach wie vor bestünden, könne man es nicht verantworten, so viele neue Reaktoren zu errichten, dass die Kohlendioxid-Belastung dadurch drastisch abnehmen würde; vielmehr müsse ein dritter Weg gefunden werden. Eine realistische und honorige Argumentation – nur keine honorige Überschrift dazu: Dass hier irgendjemand gelogen habe, wird im Text nicht einmal ansatzweise behauptet. „Auf die Kernkraft sollten wir nicht setzen", das war die Aussage.

```
Atomkraftwerke retten uns nicht
```

so hätte die Schlagzeile lauten können.

```
Schwere Vorwürfe gegen Barschel
```

das wäre gerade noch erträglich gewesen. „Vorsätzliche Irreführung", auch das also gibt es in unserem Gewerbe.

Die wichtigsten Regeln

1. Suchen Sie nach der Kernaussage in Ihrem Text.
2. Achten Sie auf Pferdefüße, die in der Verlautbarung eines Unternehmens, einer Partei, eines Vereins versteckt sein können.
3. Bemühen Sie sich um Fairness.
4. Verkneifen Sie sich in der Überschrift bei Nachrichten im Politik- und Wirtschaftsteil jeden offensichtlichen Kommentar.
5. Achten Sie darauf, dass Ihre Überschrift nicht durch Gedankenlosigkeit bei der Wortwahl einen unterschwelligen Kommentar enthält.

Die Sprache der Überschrift 3

3.1 Das kleine Einmaleins

Arthur Schopenhauers Satz aus dem 19. Jahrhundert ist so gut, dass Autoren ihn sich auch im 24. Jahrhundert noch hinter die Ohren schreiben können: Man nehme gewöhnliche Wörter und sage ungewöhnliche Dinge. Schlechte Überschriften erkennt man daran, dass der Autor es umgekehrt versucht hat.

Am Anfang aller Sprachprobleme steht die Frage: Beherrscht der Redakteur Grammatik und Orthographie – ist er imstande, seine Aussage korrekt, unmissverständlich und ohne unfreiwillige Komik zu formulieren?

Wenigstens Satzfehler sollten in der Überschrift vermieden werden. Die Mainzer *Allgemeine Zeitung* schrieb über ihre montägliche Bundesliga-Rubrik:

```
            Tote, Zahlen, Fakten
```

Die *Ruhr Nachrichten* titelten ihren Seite-1-Aufmacher (!):

```
            Rüttgers Reform-Zweifel
```

ohne den Genitiv-Apostroph, der sonst so oft dort eingefügt wird, wo er nicht hingehört, hier aber zwingend erforderlich gewesen wäre:

```
            Rüttgers' Reform-Zweifel
```

waren doch gemeint. Und der *Kölner Stadt-Anzeiger* fragte:

```
      Wollen nun alle aus das Gymnasium gehen?
```

Das *Handelsblatt* über die Tabelle mit den Ergebnissen des Großen Preises von China in Shanghai:

> ```
> Großer Preis der Türkei in Istanbul
> ```

Manchmal darf man rätseln, ob sich die Finger oder vielleicht doch der Kopf geirrt haben:

> ```
> Die Todesstrafe soll liquidiert werden
> ```

(*Mühldorfer Anzeiger*)

Manchmal endet die Überschrift quasi mitten im Satz

> ```
> Wenn Aussagen sich widerspiegeln
> ```

stand in der *Rhein-Zeitung*, im Lokal-Sport. Aber: In was spiegelten sich Aussagen wider? Leider half auch die Unterzeile nicht wirklich weiter:

> ```
> Fußball: Der Play-off-Modus im Kreis Koblenz beginnt, für
> Gesprächsstoff zu sorgen - Türkgücü klagt über Andeutungen
> ```

Wo bleibt der Bindestrich? Ein Grenzfall ist die korrekte Wiedergabe eines Wortes in seiner unleserlichsten Form, unter Strapazierung einer Duden-Regel, die das Gegenteil ebenso zulässt: die Verweigerung des erhellenden Bindestrichs zur optischen Trennung komplizierter Wortverbindungen. Zum Beispiel in der *Welt*:

> ```
> Wien: Repertoireoper fraglich?
> ```

Oder in anderen Blättern:

> ```
> Marserkundung, Energieeffizienz,
> Reformersatz, Prognoseunsicherheit,
> Politagitation
> ```

– dergleichen Silbensalat ist nicht einmal im Lauftext zumutbar, zu schweigen vom berühmten `Bundesossi` in der *Berliner Zeitung*.

> ```
> Lieber Bundesossi als Berliner Parteichef
> ```

3.1 Das kleine Einmaleins

Präpositionen sollten nicht Glückssache sein

```
            Mehr Erfolg pro Leben
```

lautete die Überschrift in einer Anzeige der Deutschen Bank, obwohl sie ihren Kunden doch wahrscheinlich Erfolg *im* Leben versprechen will. Die UNO

```
              ringt nach Lösung
```

(*Landshuter Zeitung*), obgleich wir *um* etwas zu ringen pflegen. Ein schiefes umhätschelt der *Münchner Merkur*:

```
       Zukunft um Villa Aurora noch unklar
```

und gar

```
  Bayerns Viehzüchter fürchten um Verluste in Millionenhöhe
```

– was auf Deutsch bedeutet: Sie haben Angst, *keine* Verluste zu erleiden, sie bangen um sie. Das bloße Weglassen des um hätte korrektes und unmissverständliches Deutsch erzeugt.

Falsche Deklination

```
         Die Städte sind an die Grenzen
           ihrer Möglichkeiten angelangt
```

hieß eine Schlagzeile des *Stormarner Tageblatts* (Holstein). Doch auch in Frankfurt versteht man es nicht durchweg besser:

```
     Auf Kuba - mit und ohne schlechtem Gewissen
```

überschrieb die *FAZ* einen Reisebericht.

Die modische Abtötung aller Deklination, vorangetrieben durch Schülerfaulheit und eine der Marotten des *Spiegels*, greift längst auch auf die Überschriften über. Viele Blätter sind dreist genug, ihren Namen aus der Deklination herauszunehmen: des Spiegel, des Stern – daran haben sich die meisten gewöhnt, aber falsch bleibt es doch: Es wird nämlich nach deutscher Grammatik *immer* dekliniert, und die Chefredakteurin von Bunte ist grammatisch ein Hammer und stilistisch ein Graus.

Noch schreibt keiner der Chefredakteur der Rheinische Post, und bei dieser Sitte sollten wir es lassen. Nichtdeklination in der *Welt*:

> Vom Rebell zum Vorbild

Im *Kölner Stadt-Anzeiger*:

> Schlägereien auf der Hohe Straße

In den *Lübecker Nachrichten*:

> Hollywood setzt auf neuen Serienheld

In der *Frankfurter Rundschau*:

> Panne mit Kronzeuge

Am Rande der Verrätselung in den *Schongauer Nachrichten*:

> Das Vaterunser neu bewusst

– ob das des Vaterunsers bedeuten soll?

Deklination allein macht nicht selig, man kann die Korrektheit auch so weit treiben, dass sie weh tut:

> Tod des früheren Regierungschefs Israels

zum Beispiel in der *Neuen Zürcher Zeitung*, oder in der *Berliner Morgenpost*:

> Anschlag vorm und Krawall beim Rekrutengelöbnis

Dunkel ist der Rede Sinn – wo sich dieses Fazit aufdrängt, hat der Redakteur wohl den gröbsten Verstoß gegen seine Pflicht zu sauberem Umgang mit der Sprache begangen.

> Lehrlinge dürfen Ideen bei Karstadt umsetzen

(*WAZ*), da lautet die Botschaft: Wo immer sie lernen – umsetzen dürfen sie ihre Ideen bei Karstadt.

3.1 Das kleine Einmaleins

> Erstes Intercity-Hotel entsteht in Rostock

(*Ostsee-Zeitung*) – das bedeutet: Rostock erlebt die Geburtsstunde der Intercity-Hotels.

> Auch in Rostock ein Intercity-Hotel

– das war gemeint.

Wer wen – wer mit wem – wer was? Das bleibt in manchen Fällen offen:

> Neuer Agrarminister soll Staatsekretär Schmidt werden

schrieb die Agentur *Reuters* (17.2.2014), und auch

> Die meisten Kinder haben in Frankreich Ausländerinnen

– während die *Frankfurter Neue Presse* endlich einmal die Forderung der Asylpolitik beim Namen nannte:

> Asylpolitik verlangt jetzt Handeln

Der Bericht über ein Mädchen-Internat trug im *Bündner Tagblatt* (Chur) die Überschrift

> Rückgang der Schülerinnen

Die *Berliner Morgenpost* meldete:

> Senator putzte sich Zähne mit Schülern

Eine alte Unsitte ist das mit:

> Mit dem Spee-Chor tritt zum ersten Mal ein Trierer Chor in der Luxemburger Philharmonie auf,

schrieb der *Trierische Volksfreund* – aber wie der Chor hieß, der mit dem Spee-Chor zusammen in Luxemburg auftrat, verschwieg die Zeitung. Die *Welt* erfand wiederum den Gottesmüll:

> Kohl in Bergen-Belsen: Es war Abfall von Gott

Das *Hamburger Abendblatt* pries den Herzschlag an:

> Herztod: Rettung für Millionen?

3.2 Der Telegrammstil

Subjekt, Der Zwang zur äußersten Kürze zieht in der Mehrzahl der Fälle den Telegrammstil nach sich: das Zurückschneiden der Aussage auf das Minimum an Wörtern. Doch welches Minimum ist noch erträglich? Wie weit darf man die Zumutung an den Leser treiben?

Das Subjekt wegzulassen, geht jedenfalls zu weit

```
Mercedes-Chef nach Rosberg-Sieg: „Widmen ihn Michael"
```

(*focus.de*, 16.3.2014).

```
Degradieren Pop-Größen zu laschem Gefistel
```

(*Rheinpfalz*, Ludwigshafen). Wer da degradiert, war auch der Unterzeile nur indirekt zu entnehmen:

```
Mit Jesus Christ Superstar im Mannheimer Rosengarten Maßstäbe
                             gesetzt
```

Schon das Weglassen des Artikels kann Härten ergeben:

```
Diese Woche Pickerl-Streit in City
```

(*Der Standard*, Wien)

```
Verantwortung für Volk
```

(*Frankfurter Rundschau*)

Im Extremfall kann es sogar dazu führen, dass eine Zeile absolut missverständlich wird. Der Fürstenfeldbrucker Lokalteil der *SZ* schrieb über eine Podiumsdiskussion in der Gemeinde Gröbenzell (16.2.2008):

```
Monatzeder diskutiert mit Rainer Böhmer-Weiher
```

Das kann man nur so verstehen, dass da zwei Menschen miteinander diskutierten, von denen der eine Monetzeder und der andere Rainer Böhmer-Weiher hieß. Die Frage ist scheinbar nur, warum der mit dem Doppelnamen auch noch mit Vornamen genannt wird, der andere aber nicht. Die Antwort findet sich im ersten Satz des Lauftextes: „Naturnah soll er sein, der Ausbau des Böhmer-Weihers." Es diskutierten also in Wahrheit die Herren Monatzeder und Rainer über den Böhmer-Weiher!

3.2 Der Telegrammstil

Dativ muss sein Die heikelste Unterschlagung ist die des Dativs. Das Sprachgefühl, ja das Verständnis rufen nach ihm mehr als nach den anderen Fällen:

```
Pelzbranche wird es langsam wieder warm
```

(*Münchner Merkur*)

```
Galt Autobombe US-Luftwaffe?
```

(*Frankfurter Rundschau*). Auch

```
Verkehrstod Kampf angesagt
```

meldete das Frankfurter Blatt oder, kaum noch verständlich:

```
Opposition droht Vernichtung
```

Da möchte man dem Verein „Rettet dem Dativ" doch recht viele Mitglieder wünschen. Ebenso in einem Fall wie diesem: Die *Süddeutsche Zeitung* begann die zweite Unterzeile ihres Aufmachers mit dem Wort Kohl - und zwölf Wörter später machte sie klar, dass man den Namen nicht als Nominativ, sondern als Dativ hätte lesen sollen:

```
Kohl die Zerrüttung der Staatsfinanzen, hohe Arbeitslosigkeit
        und Versagen beim Aufbau Ost angekreidet
```

Als der Kölner *Express* die Überschrift brachte:

```
Warf „Boot"-Star Brandsatz in Kneipe?
```

ließ er unklar, ob der Brandsatz in *die* Kneipe geworfen worden war, also von außen hinein, oder in *der* Kneipe, also drinnen; der Dativ ergäbe einen anderen Sinn als der Akkusativ.

Hässliche Mischformen Eine unangenehme und meist vermeidbare Spielart sind solche Überschriften, die zunächst wie normale Sätze beginnen, dann aber in den Telegrammstil abstürzen:

```
Der Putsch zeigt Riss bei Europas Kommunisten
```

schreibt die *taz*. Hat der Satz `Der Putsch` begonnen, so möchte man mit `einen Riss` weiterlesen; ist für das `einen` kein Platz, so sollte man auch das `Der` weglassen, also das Telegramm stilistisch durchhalten: `Putsch zeigt Riss`. Ähnlich in der *Sächsischen Zeitung*:

```
Am Transrapid scheiden sich Geister
```

und in der *Tiroler Tageszeitung*:

```
König Tomba setzte sich Krone auf
```

Der Satz enthält auch noch das behäbige Imperfekt, das der nächste Beitrag in Frage stellen wird – und stürzt dann ab in „Krone auf".

```
Eine Krone für König Tomba
```

vielleicht hätte so die Lösung lauten können. Die Krone der Hässlichkeit (*Frankfurter Rundschau*):

```
Gorbatschow schrieb US-Präsident Bush Brief
```

sowie (*Süddeutsche Zeitung*):

```
Filmfest: In „Mein anderes Leben" entlarvt Regisseur
        Alexander Adolph Hochstapler
```

Und schon fast jenseits aller Hässlichkeit (*Wiesbadener Tagblatt*):

```
Erst wenn H5N1-Nachweis bei Hausgeflügel Schleusen in
                    Rhein-Main
```

Grammatikalisch stimmt's ja noch, aber so extrem darf man nicht verkürzen. Man sollte nie vergessen, dass einer sich mit der Zeitung nun mal Mühe geben muss: entweder der Leser oder der Redakteur. Der Leser will aber nicht – und hat für Verständlichkeit bezahlt.

Der Doppelpunkt Er gehört zu den am häufigsten eingesetzten Elementen, wenn Redakteure für einen vollständigen Satz keinen Platz haben und deshalb abkürzen müssen.

3.2 Der Telegrammstil

Zwei Funktionen werden dem Doppelpunkt dabei in der Regel zugetraut. Die erste: Er soll etwas *ankündigen*.

```
Grüne empfehlen: Reiter wählen
```

(*Süddeutsche Zeitung*, 21.3.2014, zum Münchner OB-Wahlkampf)

```
Australien-GP-Chef klagt: „Die Leute wollen Lärm"
```

(*rp-online*, 17.3.2014, zum Start der Formel 1 mit den neuen, leiseren Autos im Jahr 2014). Dies ist die Funktion, die der Doppelpunkt immer gewährleisten kann. Die Überschrift bleibt für den Leser leicht zu fassen und unmissverständlich.

Die zweite: Er trennt ein als Spitzmarke gemeintes Wort vom Rest der Überschrift, er soll quasi zwei Sachverhalte *zusammenzurren* - und das funktioniert nicht, das darf er nicht.

```
Lafontaine: Schröder übt Selbstkritik
```

(*Aachener Nachrichte*n)

```
Kölner Archiv: Beweis steht aus
```

(*General-Anzeiger*, Bonn, 25.2.2014)

```
Sex-Täter: Saarland dringt auf Einigung
```

(*Saarbrücker Zeitung*)

```
Steinbruch: 510 Euro für Widerspruch
```

(*Allgemeine Zeitung*, Mainz).

Diese Funktion kann der Doppelpunkt fast nie erfüllen Im ersten Beispiel ist der Leser zunächst überrascht, welche Kenntnis ausgerechnet Oskar Lafontaine über die Gedanken hat, die sich Gerhard Schröder macht. Im zweiten liest es sich so, als teile das Kölner (Stadt-)Archiv irgendwelche Neuigkeiten zur Beweislage nach dem Einsturz mit. Gemeint ist etwas ganz anderes – was sich aber dem Leser jeweils erst erschließt, wenn er den Lauftext liest: Gerhard Schröder sagt, was den Umgang mit Oskar Lafontaine betreffe, sei er zu lange zu nachsichtig gewesen.

Mit anderen Worten: In der Causa Lafontaine übt Schröder Selbstkritik. Und der *General-Anzeiger* wollte in Wahrheit sagen: Die Stadt Köln, in Gestalt ihres Stadtdirektors Guido Kahlen, hat jetzt eine Vermutung, wieso das Stadtarchiv einstürzte, auch wenn „der letzte Beweis" noch ausstehe (was, übrigens, etwas anderes ist als „Beweis steht aus"). Im Saarland schließlich dringen keine Sex-Täter auf Einigung, sondern, was den Umgang mit Sex-Tätern betrifft, drängt die saarländische Landesregierung auf Einigung der Bundesländer. Halbwegs klar ist nur das Mainzer Beispiel – unterstellt, die Leser des Lokalteils der *Allgemeinen Zeitung* wissen, dass es in der Stadt keinen Kommunalpolitiker namens Steinbruch gibt, sondern einen tatsächlichen Steinbruch, der seit Jahren Gegenstand von Berichterstattung ist.

▶ **Tipp** Wer die Leser nicht in die Irre führen will, benutzt den Doppelpunkt nur, um etwas anzukündigen. Und zu sonst nichts. Wer mit Spitzmarken arbeiten will, der muss diese Entscheidung grundsätzlich treffen – und die typographisch so gestalten, dass sie auf den ersten Blick als Spitzmarke zu erkennen sind. Ein größerer Schriftgrad, eine andere Farbe, das sind die Mittel dazu.

Trennungs-, Binde- und Gedankenstrich Dieses Mittel ist in der Regel noch problematischer als der Doppelpunkt. Nichts ist gegen ihn einzuwenden, wenn er zwei Elemente einer Unterzeile voneinander trennt:

```
Weitere Krisensitzung des Aufsichtsrats in dieser
Woche - Produktion soll komplett umgekrempelt werden
```

(Das *Handelsblatt* zu Problemen beim Bau des A 380). Oder, wenn er nur einen Satz abkürzt:

```
Praktikantenaffäre belastet

Republikaner-Wahlkampf
```

(*Financial Times Deutschland*), anstatt ...

```
Wahlkampf der Republikaner
```

3.2 Der Telegrammstil

Aber auch dieses Mittel wird allzu oft eingesetzt, um zusammenzuspannen, was so nicht zusammengehört:

> Erste Vioxx-Klage gegen Merck

(*Wiesbadener Kurier*),

> Terror-Regime bringt Zwillinge vor Gericht

gefolgt von der in diesem Fall erstaunlichen Ortsmarke Nürnberg (*Süddeutsche Zeitung*), oder:

> Gewalttäter - die Zeit drängt

– die schon aus Saarbrücken bekannten Sex-Täter waren am selben Tag auch Gegenstand der Aufmacher-Schlagzeile der *Westdeutschen Zeitung*. Im ersten Fall klagt aber nicht Vioxx gegen Merck, sondern die Firma wird wegen ihres Medikaments Vioxx verklagt. Im zweiten Fall hat es nicht das Terror-Regime Sudans, Nordkoreas oder Zimbabwes geschafft, in Nürnberg Zwillinge vor Gericht zu bringen – sondern zwei Jugendliche stehen dort deshalb vor Gericht, weil sie über Monate hinweg in verschiedenen Parks der Stadt Kinder und Jugendliche terrorisiert haben sollen.

Der häufige Umgang mit dem Telegrammstil hat viele Redakteure bis zu dem Grade auf ihn eingestimmt, dass sie ihn auch dort anwenden, wo er leicht vermeidbar wäre:

> Deutschland einziges Euro-Land mit Haushaltsüberschuss

schrieb die *FAZ (26.2.2014)*, obwohl sich auf demselben Platz – zwei Hauptzeilen (!) – hätte formulieren lassen:

> Deutschland ist das einzige Euro-Land
>
> mit einem Haushaltsüberschuss

Und im *Tagesspiegel* hieß es:

> Brieflut bei Kartellamt

obgleich durch ein simples „m" (für das reichlich Raum gewesen wäre) die weit gefälligere Formulierung `beim Kartellamt` entstanden wäre.

> **Drei Faustregeln für den Telegrammstil**
>
> 1. *Man beachte die Schmerzgrenze.* Eine Verkürzung, die den Dativ oder das Subjekt nicht mehr erkennbar macht, ist meist schwer erträglich.
> 2. *Man halte den Stil in der Zeile durch.* Von zwei Hauptwörtern müssen entweder beide einen Artikel tragen oder keines.
> 3. *Man verliebe sich nicht in den Telegrammstil*, sondern prüfe, ob man ohne ihn auskommt. So oft Telegrammstil wie nötig, aber so selten wie möglich.

3.3 Wie war das mit dem Imperfekt?

Die meisten Überschriften stehen im Präsens, Perfekt oder Partizip, und die meisten Überschriften sind Aussagesätze. Denn Zeitungen berichten typischerweise über aktuelle und nicht über historische Dinge, und sie *fragen* nicht, sondern sie *sagen*, wie die Welt ist. Doch die tägliche Lektüre zeigt, dass es auch Ausnahmen von dieser Regel gibt; im Folgenden wollen wir erörtern, ob (und wann) zu Recht oder zu Unrecht.

Die typischen Formen der Überschrift sind
Partizip:

```
            Mozart-Oper abgesetzt,
```

Präsens:

```
    Cornelius Gurlitt möchte seine Bilder zurück
```

Perfekt:

```
            Der Wahlkampf hat begonnen,
```

Gar kein Verb:

```
    Schneewittchen, die Eishexe und der Schlagstock
```

3.3 Wie war das mit dem Imperfekt?

Grundsätzlich verboten ist das Imperfekt Das galt früher allgemein für die Überschrift und gilt auch heute noch in renommierten Blättern wie der *Süddeutschen*, der *Stuttgarter Zeitung* und der *FAZ*. Die Überschrift ist ja ein Ausruf, ein Zuruf, und kein Rufender hat sich je des Imperfekts bedient. Die korrekte Grammatik und der lebendige Sprachgebrauch treffen hier in idealer Weise zusammen.

Die Grammatik besagt Eine vergangene Handlung, die einen Bezug zur Gegenwart hat, steht im *Perfekt*. `Das Gesetz ist in Kraft getreten` (und nun leben wir mit ihm), `Kolumbus hat Amerika entdeckt` (und nun kennen wir es). „Ich lernte Englisch" ist nur dann eine zulässige Aussage, wenn ich mein Leben erzähle und es in diesem Zusammenhang nicht darauf ankommt, ob ich heute Englisch kann oder nicht. Auf die Frage aber: Woher kannst Du denn so gut Englisch? kann die Antwort nur im Perfekt stehen: „Ich habe sieben Jahre in New York gelebt." („Ich lebte in New York" gibt es nur in schlecht synchronisierten Filmen.)

Nur bei den Hilfszeitwörtern ist in lebendiger Rede das *Imperfekt* gebräuchlich: Ich war im Kino, ich hatte keine Zeit. „Ich ging ins Kino" aber sagt kein Mensch; das gibt's nur im Schulaufsatz. In den deutschen Dialekten werden meist nicht einmal die Hilfszeitwörter ins Imperfekt gesetzt („I bin im Kino gwen"). Das Imperfekt ist also Schriftdeutsch und auch da nur korrekt, wo es eine Vergangenheit bezeichnet, die mit Heute oder Morgen überhaupt nichts zu tun hat – unlebendig und unaktuell zugleich. Was also hätte es je in der Überschrift verloren?

Die meisten Zeitungen lassen jedoch das Imperfekt seltsamerweise zu, und einige sogar in den seltsamsten Fällen; so die Münchner Boulevardzeitung *tz*:

```
Bayerisches Kabinett beschloss nach Fleischskandal: Mehr
        Kompetenz für Kontrolleure
```

Hier klingt das Imperfekt so aktuell wie „Pilatus wurde Statthalter von Galiläa", verstößt gegen die Grammatik und tut das Mögliche, dem Leser *nicht* mitzuteilen, dass ein seit Tagen geforderter Schritt nun endlich unternommen wurde. Ähnlich die *Nürnberger Nachrichten* seinerzeit am Morgen nach dem Putschversuch in Moskau:

```
Kommunisten und die Militärs stürzten Gorbatschow
```

bevor sich die Zeitung in der zweiten Hauptzeile des Richtigen besann:

```
Präsident Jelzin ruft in Russland zum Widerstand auf
```

Ein Mann gibt viel Geld für ein Haustier aus, jetzt und in Zukunft besitzt er ihn. Doch wie schreibt *oe24.at*?

```
Chinese zahlte 1,4 Mio. für einen Hund
```

Der Zürcher *Tages-Anzeiger* formulierte so:

```
SBB lehnten Schülerprojekt ab - Jetzt kam die Quittung
```

Da wird ein Vorgang erzählt, der sowohl in der Vergangenheit als auch in der Gegenwart spielt, und weil die Ablehnung des Schülerprojekts schon eine Zeit zurückliegt, ist die Wahl des Imperfekts *vor* dem Gedankenstrich korrekt. Aber was hat es in der Gegenwart zu suchen, da doch ausdrücklich „jetzt" die Quittung kommt? „SBB lehnten Schülerprojekt ab", dieser erste Teil der Überschrift aus dem *Tages-Anzeiger* zeigt jedoch bereits, dass es von der grundsätzlichen Unerwünschtheit des Imperfekts auch Ausnahmen gibt:

Wenn der Vorgang sich über mehrere Zeitebenen erstreckt, muss der weiter zurückliegende im Imperfekt berichtet werden. Richtig wäre im Fall des *Tages-Anzeigers* folglich gewesen:

```
SBB lehnten Schülerprojekt ab - jetzt ist die Quittung da
```

In der Überschrift

```
Sohn stach Vater nieder/Junge wollte seiner Mutter helfen
```

aus der *Westdeutschen Allgemeinen* ist dementsprechend „stach" falsch und „wollte" richtig: Er wollte helfen – nun sticht er nieder. In der Überschrift

```
Uganda verbot Kondomreklame/Kirchen witterten Unmoral
```

(*Frankfurter Rundschau*), ist „verbot" falsch, da die Kondomreklame nun verboten ist und es bleiben wird; „witterten" ist richtig, weil die Befürchtungen der Kirchen mit dem Verbot gegenstandslos geworden sind.

3.3 Wie war das mit dem Imperfekt?

Werden zu einem eingeführten Sachverhalt nachträglich neue Details bekannt, so können dieses Details nicht nur im Imperfekt mitgeteilt werden, sondern sie müssen es sogar.

```
Schmitz ließ Opernballett in seinem Dorf tanzen
```

Dies titelte die *B.Z.* am 20.2.2014 über den Berliner Kulturstaatssekretär, der gerade wegen Steuerhinterziehung sein Amt verloren hatte. Hätte sie geschrieben:

```
Schmitz lässt Opernballet in seinem Dorf tanzen
```

so hätte sie damit den Eindruck erweckt, als habe Schmitz trotz des Amtsverlusts noch Zugriff aufs Opernballett.

Wenn ein zurückliegender Sachverhalt erst jetzt bekannt wird, ist das Imperfekt ebenfalls erlaubt. Zum Beispiel so:

```
DDR vertuschte Hinrichtungen
```

(*Abendzeitung*)

```
Todesursache geklärt: Ötzi verblutete
```

(*tz*)

```
BND wollte alte NVA-Panzer nach Israel schmuggeln
```

(*Süddeutsche Zeitung*)

Mit dem Partizip in der Panzer-Affäre lag die *FAZ* sogar falsch:

```
Panzer-Lieferung nach Israel geplant
```

stimmte zu diesem Zeitpunkt ja nicht mehr; der Plan war aufgeflogen und hatte sich somit erledigt.

Wenn ausdrücklich nur ein Moment beschrieben werden soll, ist das Imperfekt sicherlich ratsam. Also schrieb die *Bild*-Zeitung am Morgen nach dem Verkehrsunfall eines Popsängers (25.2.2004):

> Küblböck schrie vor Schmerz

– denn als die Zeitung bei den Lesern auf dem Tisch lag, da durften sie hoffen, dass die Notärzte inzwischen etwas unternommen haben würden, dass der arme Kerl zumindest nicht mehr schrie. Im Text hieß es demgemäß:

> Daniel Küblböck (18) setzte sich ans Steuer ... und krachte unter einen Lkw. Der schwer verletzte Superstar musste aus dem Wrack geschnitten werden ...

Oft aber kann man geradezu hören, wie viel Widersinn und Hässlichkeit das Imperfekt gebiert:

> Ihr Recht als Patient: Leser fragten, Experten antworteten

(*Berliner Kurier*). Wann fragten sie – damals im September? Und die Antwort ist doch wohl von heute?

> LinoDiagnostic stellte Insolvenzantrag

(*Wiesbadener Kurier*) – und jetzt bangen die Mitarbeiter um ihre Arbeitsplätze, und jetzt muss versucht werden, das Unternehmen irgendwie zu retten. Was soll da das Imperfekt? In den *Badischen Neuesten Nachrichten*, am Tag nach dem Tod einer berühmten Schriftstellerin:

> Francoise Sagan starb mit 69 Jahren

als stünde dies im Jahresrückblick. Und schließlich im *Weser-Kurier*:

> Steffie Nitschke turnte optimalen Wettkampf

Das ist sicher zweihundert Jahre her. Nur das Modewort „optimal" lässt auf ein jüngeres Datum schließen.

3.4 Ist das Fragezeichen erlaubt?

Darf die Überschrift mit einem Fragezeichen enden? Manche Redaktionen sagen: Nie. Bei der *Süddeutschen* hält es die Redaktion noch heute mit dem Spruch Werner Friedmanns, ihres Mitbegründers und langjährigen Chefredakteurs: „Mich fragen Sie?" frage dann der Leser – „*Sie* sollten's doch wissen!"

3.4 Ist das Fragezeichen erlaubt? 47

Kaum einen Informationswert haben in der Tat Überschriften wie die folgenden:

> Gerät Welt durch Klimawandel an Rand der Anarchie?

(*Offenbach-Post*)

> Bringt Apple heute ein neues Modell?

(*rp-online*, 17.3.2014)

> Streit im Hause Oetker: Bricht Deutschlands bekannteste Wirtschaftsdynastie bald auseinander?

(*Die Zeit, 13.3.2014*)

> Wie korrupt ist die Polizei?

(*Die Welt*) Am schlimmsten, wenn die Zeitung ins Blaue hinein eine Frage stellt, die die Leser ihrerseits seit Wochen stellen und nun gern beantwortet hätten, wie die *FAZ* in einem Aufmacher von 1982:

> Steht ein britischer Landungsversuch auf den Falkland-Inseln unmittelbar bevor?

Schon wahr, die *FAZ* wusste an jenem Tag des Jahres 1982 nicht, ob es zu dem Landungsversuch kommen würde. *Die Zeit* wusste im März 2014 nicht, was aus den Oetkers wird. Der Ratschlag an die Redaktionen lautet deshalb nicht, so zu tun, als wüssten sie, was sie nicht wissen können. Sondern:

Man sage in Aussagesätzen, was man weiß – und nicht in Fragesätzen, was man nicht weiß. 1982 wäre also möglich gewesen:

> Spekulationen um einen britischen Landungsversuch auf den Falkland-Inseln

Im Fall der Oetkers hätte sich ein Aussagesatz aus dem Text angeboten, anstelle des Fragesatzes die Unterzeile auszufüllen:

> Familie Oetker, Deutschlands bekannteste Wirtschaftsdynastie, hat sich zerstritten

Gleichwohl – die meisten Redaktionen sagen:

Gelegentlich darf die Überschrift mit einem Fragezeichen enden Aber diese Ausnahmefälle müssen begründet sein. Im November 2004 fragt sich alle Welt, ob Yassir Arafat schon tot ist oder noch im Sterben liegt. Dafür, dass er schon tot ist, spricht, dass Israelis und Palästinenser bereits verhandeln, wo er begraben werden soll; man kann also getrost vermuten, dass die Todesnachricht erst bekannt gegeben werden soll, nachdem sie sich geeinigt haben. Und die *Welt* fragt:

```
              Wie tot ist Arafat?
```

Alle Ratgeber-Geschichten dürfen mit einem Fragezeichen enden

```
    Warum darf „Kalbsleberwurst" aus Schweineleber sein und
    „Deutsche Markenbutter" von ausländischen Kühen kommen?
```

(*Bild am Sonntag, 7.12.2008*)

```
      Darf der Nachbar Material auf meinem Land lagern?
```

(*drs3.ch*)

```
              Welches Kleid für welche Figur?
```

(*gofeminin.de*.de, 28.11.2011)
Es ist das Wesen von Ratgeber-Geschichten, dass sie auf Fragen auch eine Antwort geben, andernfalls wären sie keine Ratgeber. In der Regel zeigt auch schon das Layout dem Leser an, dass er (oder sie) hier Antworten findet, zum Beispiel Fotos von Models unterschiedlichen Typs, die unterschiedliche Kleider vorführen. In dem Fall bedeutet eine Überschrift in Frageform kein Rätsel, sondern sie ist eine sinnvolle dramaturgische Figur.

Eine weitere erlaubte Abweichung von der Norm In einer Angelegenheit, die sich schon seit längerem hinzieht, gibt es plötzlich ein paar Anzeichen (und nicht mehr) für Bewegung. Darauf bietet sich die Schlagzeile an:

```
          Kommt Honecker doch vor Gericht?
```

(*Welt*).
In Ordnung geht wohl auch, wenn der Bericht über das noch laufende Gerichtsverfahren gegen Uli Hoeneß die Perspektiven des Angeklagten in einer Frage bündelt:

3.4 Ist das Fragezeichen erlaubt?

> Rein oder raus?

hieß es am 13.3.2014 in *Bild*, und darunter stellte die Redaktion die Argumente zusammen, die ihn entweder rein ins Gefängnis oder raus in die Freiheit bringen würden.

Noch eine erlaubte Abweichung von der Norm Die Frage in der Überschrift bringt die Ungläubigkeit der Redaktion gegenüber einem Sachverhalt zum Ausdruck und macht somit diese Ungläubigkeit zum eigentlichen Thema der Zeile. *Bild* wenige Wochen vor der Bundestagswahl 2005:

> Rettet ihn das? Friedensnobelpreis für den Kanzler?

Und die kurzlebige Frankfurter Zeitung *News* im November 2004, nachdem furchtbare Videos aufgetaucht waren:

> Töten so die Amis im Irak?

Spekulative Fragen In einer Bildunterschrift wandte die *tz* eine andere Technik an: die der spekulativen Frage. Man weiß nichts Genaues, auf eine Tatsachenbehauptung kann oder will man sich nicht festlegen – aber die Andeutung möchte man unter die Leute bringen:

> Richterin Mary Lupo: Nimmt sie Partei für die Kennedys?

Auch in Überschriften findet sich diese Methode, und zwar vor allem dann, wenn es um einen strafrechtlichen Verdacht geht. Die *B.Z.* titelte (13.7.2010):

> Hat Menowin seinen Manager geschlagen?

Schon klar, warum das Boulevardblatt im Falle des Popsängers so vorging. „Menowin hat seinen Manager geschlagen" wäre unmöglich gewesen. Auch die Variante, die vielleicht eine Abozeitung gewählt hätte, ging nicht: „Menowin soll seinen Manager geschlagen haben" – die Konstruktion mit dem Hilfsverb hätte mehr Platz gebraucht, und der stand dem Boulevardblatt nicht zur Verfügung. Eine Alternative wäre aber gewesen:

> Prügel-Vorwürfe gegen Menowin

Und man hätte in einem Aussagesatz wiedergegeben, was man weiß.

Die *Zeit* überschrieb 1983 ihre Betrachtung über den von Franz Josef Strauß vermittelten Milliardenkredit für die DDR:

> Wende? Wandlung? Windigkeit?

Ein Leitartikel, für den die Gesetze der Nachrichten-Überschrift nicht gelten. Trotzdem ist diese Überschrift mit drei Fragezeichen zu versehen:

- Wie dringend sind gleich drei Fragezeichen?
- Wie dringend war dieser Stabreim?
- Ist das dritte der Reimwörter nicht in Wahrheit ein schöner Beleg für die im folgenden Beitrag „Wortspiele" aufgestellte These, dass beim dritten Wort fast immer der Reim über den Sinn triumphiert?

Drei Fragezeichen brachte die *Augsburger Allgemeine* am 3.10.2006 allein in den Überschriften auf ihrer ersten Seite unter:

> Wer wird Polizeichef von Augsburg?
> Vierter Müllofen für Abfallverwertung?
> Benediktinerabt neuer Bischof in Eichstätt?

So wird die Tageszeitung zum Rätselheft.

Vier Grenzfälle
1. *Fragen ohne Fragezeichen*

> Wer wird Präsident in Amerika

(*FAZ-Magazin*).

> Polizei: Wer kennt diese Stimme

(*Flensburger Tageblatt*). Eine Panne? Eine Marotte? Ein Ausdruck der Tatsache, dass jüngere Redakteure dazu neigen, alle anderen Satzzeichen als Punkt und Komma zu ignorieren?

2. *Fragezeichen, mit Worten umschrieben*

> Honecker kommt. Oder auch nicht

So machte die *Berliner Zeitung* im Juli 1992 auf. Über die Stilfigur mag man sich streiten. Nach deutscher Grammatik aber hätte dann auch hinter die zweite

Zeile ein Punkt gehört. Dagegen wiederum steht eine Marotte der Grafiker, die ja auch bei Vorspännen aus mehreren Sätzen hinter dem letzten keinen Punkt haben wollen.

3. *Fragen, auf die eigentlich niemand eine Antwort haben möchte*

```
Vom Sesseltanz zu Nahostverhandlungen?
```

(*Neue Zürcher Zeitung*)

```
Wer ist Romanshorns größter Abfallmuffel?
```

(*St. Galler Tagblatt*)

```
Thierse macht's nicht - oder?
```

3.5 Wortspiele – mehr Risiko als Chance

Tag für Tag entnehmen wir den Überschriften, dass der Politiker X die Vorschläge seines Kontrahenten „zurückweist", dass die Koalition „streitet", ein Minister vor etwas „warnt" und sein Kollege „die Weichen neu stellen" will. Das sind alles gediegene Wörter, die zu einem routiniert gemachten Nachrichtenteil wohl gehören wie Gewerkschaften zum 1. Mai. Und dennoch wünschen Leser sich gewiss manchmal mehr als die gepflegte Routine – und Redakteure mit ihnen. „Solide Geschichten von soliden Autoren sind der Tod jeder Zeitung", dieser Spruch hing mal an der Bürotür des heutigen *Zeit*-Chefredakteurs Giovanni di Lorenzo. und genauso ist es wohl auch, wenn die Zeitung nicht mehr wie selbstverständlich abonniert wird, sondern schon mehr als solide gemacht sein muss, wenn sie ihre Kunden finden will. So greifen die Redakteure zu unverbrauchten und unvermuteten Wörtern, zu Wortspielen, zur Bildersprache und sogar zum Reim. Das kann gelingen, und es kann scheitern.

Die Grenze zwischen Pfiff und Albernheit, zwischen passendem und unpassendem Sprachwitz zu ziehen, ist schwierig. Zwischen der fröhlichen Genugtuung und der deutlichen Warnung bleibt ein breiter Stoppelacker der Grenzfälle, bei denen das Urteil zwischen „noch ganz gut" und „doch wohl eher peinlich" pendeln kann. Ein extremer Fall, zu besichtigen am 10. August 2006 in der lokalen Straßenverkaufszeitung *Boulevard Würzburg*:

```
Dilämmer am Gleis
```

> Wie kann das nur passieren?
> Regional-Express zermalmt 300 Schafe und Lämmer

Ein erster Rat lässt sich daraus ableiten:

▶ **Ein entgangener Witz** wiegt nicht so schwer wie eine gedruckte Entgleisung. Im Grenzfall also lieber auf Spielerei verzichten.

Eine treffende Formulierung abseits der Routine finden, ohne sich um Witz auch nur zu bemühen – darin liegt vermutlich die größte Trefferchance. Statt „Wulff korrigiert seine Aussage" schrieb die *Süddeutsche Zeitung* zur Abwechslung mal so – während des Prozesses gegen den Ex-Pressesprecher, der auf Entlastung durch seinen Ex-Chef hoffte (11.2.2014):

> Wulffs Erinnerung kehrt zurück

Die *Welt* schrieb:

> Als sich Schröder selber stürzte

nachdem der damalige Bundeskanzler die Vertrauensfrage im Bundestag wunschgemäß verloren hatte.

> Von Treueschwüren ist abzusehen

stand am selben Tag dazu in der *FAZ*.

Absolut verblüffend die Wortwahl des *Vorwärts* vom 10. November 1923, dem Tag nach Hitlers Marsch zur Feldherrnhalle:

> Ludendorff verhaftet, Hitler ausgerissen

Einen im Text angelegten Gegensatz aufspießen und zuspitzen: Wo Gegensätze sind, da ist Spannung, und wo Spannung ist, da sind Leser. Vielleicht geht von der Zuspitzung auf den Widerspruch sogar eine disziplinierende Wirkung auf den Journalisten aus: Er schwafelt nicht, er bietet in wenigen Worten viel Substanz, nach dem Muster:

> Zwei schworen, einer log

3.5 Wortspiele – mehr Risiko als Chance

So schrieb die *Zeit* einst über das Drama bei der Anhörung des schwarzen US-Bundesrichters Clarence Thomas, der unter Eid die sexuelle Belästigung abstritt, die er einer früheren Mitarbeiterin nach deren ebenfalls eidlicher Aussage angeblich zugefügt hatte. Als der ungarische Kardinal Mindszenty in der amerikanischen Botschaft in Budapest, in der er von 1956 bis 1971 lebte, von Folter und Gehirnwäsche durch den kommunistischen Geheimdienst erzählte, gab die *Süddeutsche Zeitung* ihrem Bericht auf Seite 3 die königliche Überschrift:

```
Der Kardinal, der die Hölle sah
```

Das Paradoxon Von ihm sprechen wir dann, wenn etwas zwar widersinnig klingt, aber dahinter eine höhere Wahrheit steckt. So schrieb *süddeutsche.de* am 20.3.2014 über einen Beitrag, der sich mit dem bedrohten Beruf der Hebammen beschäftigte:

```
Wenn die Geburtshilfe im Sterben liegt
```

Und am selben Tag zum Weiterkommen von Borussia Dortmund in der Champions League:

```
Dortmund gewinnt 1:2
```

weil der Verein im Hinspiel ein 4:2 vorgelegt hatte.

Heikle Spiele In den bisher zitierten Fällen hatte der Redakteur sich darauf beschränkt, einen offenkundigen Widerspruch auf die kürzeste und zwingendste Weise in Worte umzusetzen. Heikler und strittiger ist die Methode, ein Paradoxon erst hineinzudeuten, wie der Wiener *Standard* über eine Tagung von Sprachwissenschaftlern:

```
Produktives Lallen beim Grazer Wirtshauspalaver
```

Das war erstens eindeutig ein Kommentar (im Kulturteil freilich, wo dergleichen üblich ist), und zweitens ein Beispiel für die beliebte Sitte, mit den Wörtern der Überschrift einen kabarettistischen Umgang zu pflegen. Das kann gelingen, wie im *Spiegel* (10.3.2014):

```
        Das Lächeln der Könige.
In Seminaren sollen Berliner Taxifahrer zu höflichen
         Dienstleistern gemacht werden
```

Oder in der *Süddeutschen Zeitung* bei einem Bericht über Krawalle nach einem Uni-Konzert:

```
Jazz in der Aula - Händel auf der Straße
```

Doch wurde hier, dem Wortspiel zuliebe, bereits in Kauf genommen, dass vielen Lesern das poetisch-altväterliche Wort „Händel" für eine handgreifliche Auseinandersetzung wahrscheinlich nicht geläufig war.

Die Grenze zum Kalauer verläuft überdies in gefährlicher Nähe. Auf ein- und derselben Sportseite der *Frankfurter Rundschau* war zu lesen:

```
Brei verdarb noch den Brei
```

und

```
Ob es mit Reich reicht?
```

Abwandlung von Redensarten Eine der beliebtesten Formen des Wortspiels ist die Technik, von gängigen Floskeln, Buch- oder Filmtiteln die Stilfigur oder den Rhythmus zu übernehmen und sie mit anderen Wörtern auszufüllen. Oft gelingt es, mindestens ebenso oft scheitert es, manchmal übersättigt es den Leser. Gelungen: Für einen Artikel über Rhetorik borgte sich die *Süddeutsche Zeitung* Schillers „Hohle Gasse" aus und überschrieb ihn

```
Mit dieser hohlen Phrase wird er kommen
```

Über ein Porträt eines Fußball-Schiedsrichters, das erschien, als Schiedsrichter gerade mal wieder allgemein im Kreuzfeuer standen, schrieb dasselbe Blatt:

```
Einer für alle, alle auf einen
```

Nachdem sich der Papst in der Regensburger Universität missverständlich geäußert hatte und Aufregung im islamischen Teil der Welt auslöste, titelte die *Financial Times Deutschland*:

```
Benedikt der Fehlbare
```

3.5 Wortspiele – mehr Risiko als Chance

Abwandlung von Titeln Überdruss stellt sich ein, wenn die Leser wieder und wieder eines der folgenden Modelle nachgeahmt und abgewandelt finden:

```
Ziemlich beste X
```

(nach dem Film „Ziemlich beste Freunde") oder

```
60 Jahre, und kein bisschen x
```

(nach dem Lied „60 Jahre, und kein bisschen weise" von Curd Jürgens) oder

```
Die XX proben den XX
```

(nach „Die Plebejer proben den Aufstand" von Günter Grass).

```
Der X, der aus der Y kam
```

(nach John le Carrés Bestseller „Der Spion, der aus der Kälte kam") Hundert-, wenn nicht tausendfach hat man das gelesen; und so, wie in manchen Redaktionen die Uralt-Klischees „Großer Bahnhof für ... ", „Grünes Licht für ... " oder „die Spitze des Eisbergs" ausdrücklich verboten sind, möchte man den Aufstand gegen schlechthin alles, was aus der Kälte, der Wärme oder aus der Donau kam – nicht proben, sondern zum siegreichen Ende führen. Zu oft abgewandelt worden ist auch „Die Einsamkeit des Langstreckenläufers" (Roman von Alan Sillitoe) – schon von Peter Handke mit dem Titel „Die Angst des Torwarts beim Elfmeter". Rainer Werner Faßbinders Theaterstück „Der Müll, die Stadt und der Tod" hat viele Redakteure fasziniert:

```
Die Kirche, der Sex und das Geschäft
```

(*Der Spiegel*)

```
Der Sex, der Papst und die Münchner CSU
```

(*Abendzeitung*)

```
Die Stadt, der Handel und das Auto
```

(*Handelsblatt*)

Der Kino-Erfolg „Der mit dem Wolf tanzt" zog Überschriften nach sich wie

```
Die mit dem Bush schwatzen
```

(*Frankfurter Rundschau* über eine Indianer-Delegation im Weißen Haus), und der 50 Jahre alte Schlager „Mit 17 hat man noch Träume" war *tagesspiegel.de* am 1.7.2013 noch nicht verstaubt genug:

```
Tommy Haas: Mit 35 hat man noch Träume
```

Als Faustregel bleibt übrig

- Anderer Leute Einfälle zum hundertsten Mal abzuwandeln ist schlecht.
- Anderer Leute Einfälle zum ersten Mal abzuwandeln ist viel besser.
- Am allerbesten ist es natürlich, Einfälle zu haben, die von anderen Leuten abgewandelt werden.

Drei Formen des Spielens mit fremden Ideen gibt es:

Durch den Austausch eines einzigen Buchstabens tritt der Effekt ein. Die Zeit berichtete am 22.6.2011 über religiöse Apps und titelte:

```
urbi@orbi
```

Die Süddeutsche Zeitung stellte am 15.3.2012 einen etwas elegisch geratenen Naturfilm der BBC vor:

```
Arien über Robben.
```

Das *Delmenhorster Kreisblatt* schrieb über einen Trabbi-Nostalgieverein:

```
Mit der Kraft der zwei Kerzen
```

Doch die Entgleisungsgefahr liegt auch bei dieser Technik nahe:

```
Vati kann nicht mehr
```

der Aufmacher des *Berliner Kuriers* zum Rücktritt von Papst Benedikt (12.2.2013) – das war weniger gelungen.

An die Floskel lehnt sich der Redakteur nur scheinbar an – er zitiert sie, verändert aber auf verblüffende Weise ihren Sinn; so in der *FAZ*:

```
              Arbeitsscheues Gesindel
Was Sie noch nie über Philosophen wissen wollten und erst
              recht nicht zu fragen wagten
```

Oder, im selben Blatt:

```
           Vom Fischer und seiner Frau
```

Es folgten die Überschriften mehrerer Boulevardblätter zu einer Ehekrise, die der Schauspieler Ottfried Fischer und seine Frau öffentlich austrugen. Der *Stern* zeigte 1979 den Kanzlerkandidaten Franz Josef Strauß von hinten und schrieb unter den Stiernacken:

```
              Das Kreuz des Südens
```

Selbst ein harmloser Stoff lässt sich nach dieser Methode unverkrampft mit Witz aufladen:

```
Entscheidung im Morgengrauen Die Deutschen und ihr Frühstück
```

(*Stern*). Oder

```
              Ich küss dich, Baby
```

ebenfalls im *Stern*, über einem Foto, das Papst Benedikt zeigte, der ein Baby küsste.

Der Redakteur greift nur einen Teil der fremden Idee auf, kombiniert sie dann aber mit einem Wort, das vom Sinn her eigentlich nicht dazu passt. So spielte der Wissenschaftsjournalist Werner Bartens mit den typischen *Focus*-Titelzeilen über die besten Ärzte, Universitäten, Steuerberater et cetera und nannte eins seiner Bücher:

```
Was hab' ich bloß? Die besten Krankheiten der Welt
```

Ein Wortspiel, das auch einer weiter oben schon erwähnten Kategorie, dem Paradoxon, zugeordnet werden kann.

Der Stabreim Neben diesen drei Formen gibt es noch weitere Möglichkeiten des Wortspiels. Nichts vereint Redakteure deutscher Muttersprache, rechte und linke, bei kurzatmigen Boulevardzeitungen wie bei langatmigen Wochenblättern, so sehr wie die Liebe zum altdeutschen Stabreim. Im 9. Jahrhundert war er schon mal ausgestorben, Richard Wagner hauchte ihm neues Leben ein, und zusammen mit ihm hätte er eigentlich begraben werden können. „Schabst du das Cello, schäbiger Schuft?" hieß vor etwa sechzig Jahren ein Schülerwitz – ein weiteres Indiz dafür, dass es sich nicht um einen ganz frischen Einfall handelt. Aber unverdrossen bietet das Fernsehmagazin weiter Titel - Thesen - Temperamente an, und bis zum Fall des Eisernen Vorhangs konnte man ziemlich hohe Wetten darauf abschließen, dass eine Reportage aus Ungarn Gulasch, Geigen und Genossen heißen würde. Nun sollte man unterscheiden. *Zwei* Wörter mit gleichen Anfangsbuchstaben, das ist in vielen volkstümlichen Wendungen gespeichert (Wind und Wetter, samt und sonders, Samt und Seide) und eine sich immer wieder anbietende legitime Stilfigur: Marx und Murks, Kunst und Kommerz.

Das Unglück kommt zumeist mit dem dritten Wort Dass gleich drei zusammenpassende Begriffe mit demselben Buchstaben beginnen, ist äußerst unwahrscheinlich, und folglich findet bei fast allen Dreierkombinationen ein Sieg des Reimwillens über den natürlichen Zusammenhang statt. „Bauern, Bonzen und Bomben", damit hatte Hans Fallada 1931 den Anfang gemacht – es war nicht sein musikalischster Titel, verglichen mit „Kleiner Mann, was nun?" oder „Wolf unter Wölfen" oder „Wer einmal aus dem Blechnapf frißt". Aber es war gewiss ein guter Titel – übrigens durch ein *und* unterbrochen, das die meisten unserer heutigen Stabreim-Jünger als Verwässerung betrachten. Wie organisch aber passen zu den Titeln und Thesen die Temperamente? Außer dem T haben sie mit den beiden anderen Wörtern eigentlich nichts gemein.

                Macher, Mode und Maloche

(in der Zeitschrift *Max*),

                Frauen, Fische, Fjorde

(ein Romantitel der Journalistin Anne Siegel),

                Mörder, Märchen, Millionen

(*FAZ*) oder gar

3.5 Wortspiele – mehr Risiko als Chance

```
Wenn wilde Wusel Weihnachten „weltweit wichteln"
```

(*Sonntags-Zeitung*) – stets rangiert die Liebe zum eigenen Einfall höher als der Sinn und die Selbstkritik.

Wie viel Krampf sich da produzieren lässt, demonstrierte die *Welt am Sonntag* mit den Titeln dreier untereinander stehender Filmkritiken:

```
Maries Mahnung: Meide das Milieu

Müde Mädchen-Mischung von Menge

Moment mal - Mamma mia
```

Die Mitteilung an den Leser lautete da nur noch: Dein Redakteur ist in das M vernarrt, und dass dabei jeder Rest von Aussage verloren geht, macht ihm überhaupt nichts aus. Ausnahmen bestätigen auch hier die Regel:

```
Klinsi killt King Kahn
```

schrieb *Bild im Jahr 2006*, kurz vor der Fußball-WM in Deutschland. Bundestrainer Klinsmann hatte den bisherigen Nationaltorhüter Kahn zum Ersatztorwart degradiert – viermal K, viermal Einsilber, viermal Sinn. Man sollte solche Zeilen aber denen überlassen, die's können.

Der Endreim Hinten reimt es sich seltener – und manchmal eher besser. Doch die Grenze zwischen gelungen und gequält, zwischen Gag und Kalauer ist wieder schwer zu ziehen. Das *Deutsche Allgemeine Sonntagsblatt* gab drei untereinander stehenden Glossen die Titel:

```
Endlich Schändlich Ländlich
```

Die *FAZ* riskierte im Feuilleton die Überschrift:

```
Wie's mit der „Gong"-Gang ging
```

Die *Neue Zürcher Zeitung* leistete sich die Zeile:

```
Kalorienkummer? Hummer!
```

USA today fand einen gemeinsamen Titel für die beiden Nachrichten, dass es eine Hitzewelle und ein Erdbeben gegeben hatte:

```
Quake and Bake in USA
```

Zum 20. Jahrestag der ersten Mondlandung zog das *Hamburger Abendblatt* 1989 die etwas traurige Bilanz des Apollo-Raumfahrtprogramms und schrieb darüber:

```
Der Mond - vermessen und vergessen
```

Das hat Kraft, und da es ziemlich korrekt war, mag man es gelten lassen.

Der Tiefpunkt ist erreicht, wenn in einer Überschrift die Stabreime und die unsauberen Assonanzen Purzelbäume schlagen wie in dieser aus der *Berliner Zeitung*:

```
Proporz sorgt nicht für Proportionen der Politiker-Diäten
```

Verstehen muss man's ja nicht auch noch, wo der Redakteur sich doch so viel Mühe gegeben hat.

Für die Mehrzahl aller Reime,
ob vorn oder hinten, sollte der Redakteur bedenken:

- Wer reimen will, opfert fast immer Sinn.
- Er stellt die Form über den Inhalt.
- Er möge prüfen, wem er damit mehr dient: dem Leser oder seiner Eitelkeit.

3.6 Lyrik und Bildersprache

Wortspiele und Bildersprache in den Überschriften blühen überall. Die Rubrik „Hohlspiegel" auf der letzten Seite des *Spiegels* und die Seite „Perlen des Lokaljournalismus" auf Facebook können sich permanent auf Nachschub verlassen – der Ehrgeiz der Kollegen, immer und überall in Bildern zu sprechen, gewährleistet dies:

3.6 Lyrik und Bildersprache

                    Gammelfleisch in aller Munde

(*Weinheimer Nachrichten*)

                    Eigenes Knie pfeift Stürmer zurück

(*Ruhr Nachrichten*)

                    Heilige Kuh als Sand im Getriebe

(*Saarbrücker Zeitung*)

                    Tapetenwechsel im Garten

(*Nibelungen Kurier*)

                    Beinamputierter auf freiem Fuß

(*Kronen-Zeitung*)

                    Hundekot nicht unter Tisch kehren

(*Wasserburger Zeitung*)

Gegen Bildersprache ist im Prinzip nichts einzuwenden In der Praxis ist es jedoch allzu häufig so, dass die verwendeten Bilder entweder schief, abgenutzt oder beides sind.

                    Schöne Bescherung

und

                    Alle Jahre wieder

Das sind Überschriften, wie man sie garantiert jedes Jahr im Dezember über Zeitungskommentaren finden kann.

                    Wonnemonat

als Zeile folgt dann zuverlässig im Mai, gerne auch

```
                    Alles neu macht der Mai
```
und wenn es nur die Blumen auf der Verkehrsinsel vor dem Rathaus sind.

```
       Deutschland bleibt Haarausfall-Entwicklungsland
```
so lautete die Überschrift zu einer Pressemitteilung des Berufsverbandes der Dermatologen. Wer so verliebt in Sprachbilder ist, soll sich wenigstens nicht wundern, dass keiner mehr versteht, was er meint: Dass es in Deutschland leider zu wenig Haarausfall gibt? Dass die Deutschen zu wenig gegen Haarausfall tun? Dass es hier kaum Forschung dazu gibt? Oder was?

```
                 Augsburg bleibt Kanu-Hochburg
```
(*Augsburger Allgemeine*)
– aber wieder ist die Spitze des Eisbergs unter den Teppich gekehrt: Denn auf Hochburgen fahren keine Kanus.

Eine Tragikomödie in zwei Akten schrieb die *Ostsee-Zeitung*, Rostock. Sie titelte:

```
     Verpackung beim Fleischer sollte keinem „Wurst" sein
```

Erster Akt: Der Redakteur wollte den Fleischer mit der Redensart „Das ist mir Wurst" zusammenspannen (warum nicht). Zweiter Akt: Obwohl dieses Wurst-Sein im Duden steht, bekam der Redakteur Angst vor seinem Einfall und beschloss daher, das selbst gewählte Bild mit Hilfe von Gänsefüßchen zu kastrieren.

Die Tabuwörter der taz Mit der Ausgabe vom 27./28. September 2003 beging die *taz* ihr 25-jähriges Jubiläum. Die Kolumne „Verboten", die jeden Tag auf Seite 1 in der linken Spalte erscheint, druckte in dieser Ausgabe eine Liste der Tabuwörter der *taz*-Redaktion.

3.6 Lyrik und Bildersprache

verboten

Gefunden an der Pinnwand der Redaktion:
Tabuwörter für alle taz-Redakteure

Blutbad
Endkampf
mission impossible
schrödern
sexy
Deal
Deutschland sucht ...
... sterben wie die Fliegen
Gutmenschen
hochkochen
Herr, schmeiß Hirn vom Himmel
Hossa
Jubel kennt keine Grenzen
Kadi
Objekt der Begierde
Erdrutschsieg
schwere Schlappe
strahlender Sieger
Schwanz (in allen Aggregatzuständen)
anglo-amerikanische ...
auf den Punkt bringen
Sex, Lügen ...
den Geldhahn zudrehen
die Luft wird dünn
für Wirbel sorgen (außer beim Wetter)

die Nerven liegen blank
die Stadt, der Müll und ...
etwas überschatten
Ein Herz für ...
fieberhaft
hochspannend
Gesprächsmarathon
grünes Licht
Hausaufgaben machen
Ikone
im Visier
Klinke in die Hand geben
Knackpunkt
lähmendes Entsetzen
Paradebeispiel
schaler (und ähnlicher) Beigeschmack
schillernde Persönlichkeit
schallende Ohrfeige
Schimäre
Schlapphüte
Unkenrufe
Säbelrasseln
Tauziehen
letzte Hand anlegen
schlussendlich
Licht am Ende des Tunnels
WEHRdienstverweigerung (richtig: Kriegs- ...)

Wir meinen: Tabu Nr. 13 ist ab 100.000 Abos wieder erlaubt.

Eine solche Liste täte jeder Redaktion gut Es kommt dabei nicht so sehr darauf an, welche Ausdrücke jeweils darauf stehen und welche nicht, ob „hektische Betriebsamkeit" notiert ist, „frischgebacken" aber nicht. Entscheidend ist die Denkweise, die hinter einer solchen Liste steht: Wer sich einmal klar gemacht hat, wie abgegriffen viele Sprachbilder sind, der wird das Wort „frischgebacken" nicht mehr in die *taz* heben, auch wenn dieser Ausdruck in der Liste nicht genannt ist.

Und es gibt Fortschritte Als im Jahr 1993 die erste Auflage dieses Buches erschien, konnten wir dieses Kapitel leicht mit Überschriften aus den Wirtschaftsteilen der Zeitungen bestücken. Dort wurden die Bilder oft bis zum Extrem getrieben und standen oft so fremdartig über den meist staubtrockenen Texten. Sollten die Redakteure selber ein wenig unter der Zähflüssigkeit ihrer Berichte gelitten haben, und wollten sie, statt die Texte zu ändern, wenigstens die Überschriften mit Schmelz und Schmalz versehen? Oder sollten sie gemerkt haben, an wie vielen Lesern sie vorbeischrieben, obwohl es sich um Stoffe handelt, die diese Leser durchaus fesseln könnten und sollten? Jeder Raucher interessiert sich für die Tabaksteuer, jeder Sparer für die Garantie-Ausschüttung der Lebensversicherung (besonders in Zeiten allgemein mickriger Zinsen), und jedem Arbeitslosen sollte man eigentlich die verwickelten Probleme von Konjunktur, Mobilität und Tarifpolitik nahe zu bringen versuchen.

Komik am falschen Platz Das Resultat war überraschend oft, zumal in der Firmenberichterstattung, eine komische oder komisch sein sollende oder eine unfreiwillig komische Überschrift über einem bierernst-bürokratischen Text – eine Kombination, auf die eigentlich niemand gewartet hatte. Zum Beispiel:

```
Hohner: Mehr Musik im Ertrag
```

(*Die Welt*)

```
L'Oreal toupiert den Umsatz
```

(*Süddeutsche Zeitung*)

```
Märklin dampft über Preis-Gleis
```

(*Frankfurter Rundschau*): Besonders in der dritten Überschrift haben wir alles auf einmal: Endreim, einen hässlichen Sprachduktus und ein ungelöstes Bilderrätsel. „Die Ertragslage ließ zu wünschen übrig" – das war übrigens gemeint.

In den vergangenen Jahren haben jedoch die meisten Wirtschaftsteile von ihrer Obsession gelassen, alles und jedes in Bildern auszudrücken. Heute teilt *derwesten.de* bei einem Streik im Öffentlichen Dienst einfach mit, was Sache ist (18.3.2014):

```
Volle Straßen, leere Klassen
```

wo die Print-Kollegen von der *WAZ* vor zehn Jahren vermutlich

```
Streik bremst Busse und Bahnen aus
```

getitelt hätten. Und in der *Süddeutschen* steht:

3.6 Lyrik und Bildersprache

>   Ende der Zinserhöhungen nicht in Sicht

statt

>   Zentralbank dreht weiter an der Zinsschraube

– wie man es früher dutzendfach gelesen hat. Ach ja, die ausgebremsten Busse und Bahnen gibt es manchmal doch noch. Sie standen an jenem 18.3.2014 in *fr-online.de*. Einer muss es ja als letzter lernen.

Und selbst die Provinzblätter haben es sich größtenteils abgewöhnt. Es gibt noch letzte Zuckungen:

>   Gas strömt nach oben

schrieb der *Trierische Volksfreund* in der Hauptzeile, und in der Unterzeile:

>   Trierer Stadtwerke erhöhen Preis um fünf Prozent

Wer sich zunächst wundert, warum hier eine Unfallmeldung in der Hauptzeile mit einer Preiserhöhung in der Unterzeile kombiniert wird, dem erschließt sich beim Lesen des Lauftextes allmählich, dass es in der Hauptzeile um etwas anderes geht: um eine feuilletonistisch oder witzig sein sollende Formulierung, mit der die Preiserhöhung gemeint ist. In der *Mittelbayerischen Zeitung* stand:

>   *Rengs gut geöltes Wachstum*
>   Outsourcing-Trend bei Bayernoil verschafft Elektrofirma
>   Sonderkonjunktur

– eine Überschrift nach altem Schema. Es ist da wohl schon ein Fortschritt, wenn das Blatt auf derselben Seite schrieb:

>   Lehrstellen-Vermittlung auf Rekord-Kurs

Da wählte es zwar ein schiefes Bild, weil hier weder Sport noch Navigation das Thema waren, aber es bemühte sich wenigstens nicht um verkrampften Witz.

>   Lehrlinge an den Mann gebracht

wäre ja auch nicht verwunderlich gewesen. Im Großen und Ganzen hat eine neue Generation von Wirtschaftsjournalisten die Wirtschaftsredaktionen des Landes übernommen, und sie pflegt einen neuen Stil. Sie bemüht sich, Texte so zu schreiben, dass auch Laien sie verstehen.

Das modische „Überschatten" aber hat sich gehalten, unsere Beispiele von früher sind nach wie vor repräsentativ. Da schreibt die *Frankfurter Rundschau*:

```
Krisengipfel von Kämpfen überschattet
```

Dies ist einerseits eine vernünftige Aussage, da die Kämpfe in Kroatien (um die es ging) sicher Schatten auf den Gipfel warfen. Doch ist das Überschatten andererseits ein Kunstwort der Nachrichtenagenturen, mit dem sie, einem interessanten Lead zuliebe, eine Verknüpfung zwischen zwei Aussagen herstellen wollen, in der Form, dass die eine Schatten auf die andere wirft. Das mag politisch schlüssig sein, sogar sprachlich ein treffendes Bild; nur dass, behaupten wir mal, kein Redakteur das Wort überschatten jemals in spontaner Rede verwendet hat.

Es ist also ein bisschen Krampf Und manchmal kommt hier zusätzlich jenes Quantum Verliebtheit ins Spiel, das aus der Mode die Marotte macht. Lieferte doch die *Süddeutsche Zeitung* am 16.5.1989 die Schlagzeile:

```
Treffen zwischen Gorbatschow und Deng in Peking von
Massendemonstrationen der Studenten überschattet
```

– jener Studenten, die wenig später auf dem Platz des Himmlischen Friedens niedergewalzt und zusammengeschossen wurden. Deren Demonstrationen als Schatten einzustufen, war entweder parteilich kommunistisch (was die Redaktion gewiss nicht meinte) oder ein fahrlässiger Unfug. Es war doch wohl Deng, der den Schatten warf – die Studenten waren das Licht! Sie haben das Treffen *überstrahlt*! Wir empfehlen nicht, „überstrahlt" zu schreiben, sondern das Überschatten zu tilgen:

```
Massendemonstrationen der Studenten
```

oder

```
Studenten demonstrieren in Massen
```

Das hätte als zweite Hauptzeile völlig genügt; die Spannung zwischen den beiden Aussagen hätte der Leser auch allein bemerkt, und wahrscheinlich hätte er den Studenten ein Bravo zugerufen, während die *Süddeutsche* sie unfreiwillig zu Boten der Düsternis degradierte.

3.6 Lyrik und Bildersprache

Wer sorgt für das Chaos? Das Sorgen für hat die ursprüngliche Bedeutung: „Die Mutter sorgt für ihr Kind", sie tut ihm Gutes aus Sorge um sein Wohlergehen. Daraus lässt sich eine legitime Variante ableiten: für gutes Essen sorgen (also eine gute Sache beibringen, wie sie auch dem Kind wohl täte). Mit Fürsorge also hat das „Sorgen für" immer zu tun. Nicht so leider in seiner modischen Verwendung, die in den vergangenen Jahren voll auf die Überschriften durchgeschlagen hat
– dorthin also, wo jeder Verstoß gegen korrektes und vernünftiges Deutsch doppelt schwer wiegt.

> Biathletin Sachenbacher-Stehle sorgt bei Winterspielen in Sotschi für Dopingfall

schrieb der *Sportinformationsdienst* (21.2.2014),

> „Zweiklassenregelung" sorgt für Ärger bei der Post

stand in der *Stuttgarter Zeitung* und

> Glätte sorgt für Verkehrschaos

in der *Süddeutschen*. Dem Ärger, dem Chaos und dem Dopingfall wollen die Blätter also ihre Fürsorge angedeihen lassen. Es ziert den Journalisten, wenn wenigstens er sich noch zuhört beim Sprechen und Schreiben. Hebt er gar ein Wort in die Überschrift, so kann man ihm zumuten, dass er zumindest ein bisschen auf Bedeutungen, Abstufungen und Unterschiede lauscht: Ist es dunkel, sorgt man für Licht; ist es heiß, sorgt man für Schatten; und für Überschatten sorgt man nie.

Text frisiert – dem Bild zuliebe Es lässt sich nicht beweisen, aber im Einzelfall seriös vermuten, dass eine Überschrift, in die sich der Redakteur verliebte, erst nachträglich im Lauftext gerechtfertigt wurde.

> Die SPD an der Leine

überschrieb die *Wirtschaftswoche* mal einen Vorbericht über einen SPD-Parteitag, der in Hannover stattfand, das an der Leine liegt. Mit Ach und Krach war der Text auf die Masche gestrickt, dass dort eine bestimmte Führungsclique die Partei an die Leine legen wollte. Doch der Verdacht drängte sich auf, dass diese Behauptung im Text nicht aufgestellt worden und in der Überschrift nicht angeklungen wäre, hätte der Redakteur nur die Charakterstärke besessen, von seinem bildhaften Einfall mit der „Leine" *nicht* fasziniert zu sein.

Geschmacklosigkeit Auch sie kommt vor, und es ist kein Trost, wenn sie – hoffentlich – nicht beabsichtigt war: Journalisten haften für ihre Wirkungen.

```
Heidi Brühl - Leiche geöffnet/Staatsanwalt griff ein
```

Das meldete *Bild*. Hatte der Redakteur nicht gemerkt – oder nahm er in Kauf, dass man dies als Griff in die offene Leiche verstehen konnte?

```
Sie spielten bis zum Vergasen
```

hieß die Überschrift, die das *Deutsche Allgemeine Sonntagsblatt* 1992 für einen Bericht über die jüdischen Orchester in Hitlers Konzentrationslagern wählte. Einerseits war das fast wörtlich zu verstehen und insoweit nicht anfechtbar. Andererseits wusste der Redakteur (oder hätte wissen müssen), dass „bis zum Vergasen" als eine flapsig-zynische Redensart für jede Art von Plackerei in Umlauf ist („Wir haben trainiert bis zum Vergasen"). Wie konnte er zulassen – oder hätte er gar angestrebt –, dass viele Leser die rüde Floskel mit der Tragödie der Juden sprachlich zur Deckung bringen würden?

```
Westerwelle bietet Hilfe bei Gasvernichtung an
```

titelte die *Oberhessische Presse* aus Marburg am 12.9.2013, es ging um syrische Chemiewaffen, es kann nur ein Blackout des Redakteurs gewesen sein – der aber leider noch nicht zu Ende war, als er die Unterzeile formulierte:

```
Außenminister: „Wir haben erhebliche Erfahrung"
```

Gute Bilder sind selten Der Bericht über eine Luxus-Flugreise zu den Fidschi-Inseln trug den Titel:

```
Flugs um die halbe Welt
```

Das war hübsch im *Kölner Stadt-Anzeiger*. Die *Süddeutsche Zeitung* überschrieb eine Reportage über Spieler der italienischen Fußball-Nationalmannschaft, die am Sonntag das WM-Endspiel in Berlin, am Dienstag aber den Zwangsabstieg ihres Vereins Juventus Turin vor sich hatten, mit den schlichten Worten:

```
Nach dem Finale das Ende
```

3.6 Lyrik und Bildersprache

Die *FAZ* verriss eine Aufführung von Goethes „Tasso" im Münchner Residenztheater, die ihrer Ansicht dem Stück Gewalt angetan hatte, wobei zwei Schauspielerinnen mehrfach mit einem Vorschlaghammer auf einen Stein einschlagen mussten, und wählte die Überschrift:

```
Wie man mit dem Hammer inszeniert
```

Manchmal findet man auch gelungene Bilder an gänzlich unvermuteter Stelle. Der *Polizeikurier* des Landes Sachsen-Anhalt berichtete über Fallschirmspringen beim FSV Magdeburg:

```
Wer hoch hinaus will, muss das Fallen lernen
```

> **Als Regel für die Bildersprache**
> empfiehlt sich ähnlich wie für die Wortspiele, von denen der vorige Beitrag handelte:
>
> - Man misstraue jedem lyrischen Einfall und lasse sich nie durch ein Bild verführen.
> - Form follows Function – die Regel der Möbeldesigner gilt auch für Überschriftenmacher: Die gewählten Vokabeln müssen zum Inhalt passen.
> - Wenn Bildersprache, dann sollten mehrere Kollegen das Bild einmütig als treffend und zwingend bewertet haben – und zwar am besten nicht durch das, was sie sagen, sondern durch die Art, in der sie reagieren. Mit Worten kann jeder lügen (aus vermeintlicher Nettigkeit oder aus Gehässigkeit); die Art aber, in der jemand grinst oder lacht (oder es sein lässt), ist das wahrhaftigste Feedback, das es gibt.
> - Verzicht ist manchmal schade, Entgleisung immer peinlich.

Wie glücklich wurde der Redakteur der *Bremer Nachrichten* mit dieser Überschrift? Über der Unterzeile

```
Biathlon-Staffel holte Silber
```

las man verdutzt:

```
Glücksbringer in der Hose trieb Fischer voran
```

3.7 Exotische Wörter und Silbensalat

War es bei den Wortspielen und der Bildersprache häufig schwer, die Grenze zwischen Witz und Fadheit zu ziehen, so gibt es eine Gruppe von Wörtern, die uns die Entscheidung leicht macht, sobald wir sie einmal als problematisch erkannt haben:

Kein Leser mag nichtssagende Wörter, und schon gar nicht solche, die ihn in der Form oder im Inhalt abstoßen. Das sind vor allem

- vielsilbige Begriffe von abstraktem oder bürokratischem Charakter,
- gehäufte exotische Namen,
- Wörter, über die Leser und User sich ärgern (in vielen Redaktionen *Buh-Wörter* genannt).

Vorsorge-Untersuchung, das wäre so eines Es ist ja bekannt, dass die Mehrzahl jener Menschen, die nach ärztlichem Rat hingehen sollten, dies nicht tut. Also wird sie auch Artikel unter dieser Überschrift zumeist nicht lesen, ja viele werden sich darüber ärgern, dass sie schon wieder darauf gestoßen werden. Da etliche dieser Artikel aber gerade für solche Menschen gedacht sind, hätte der Redakteur gegen die Generalforderung V am Ende des ersten Kapitels verstoßen (*Lese-Anreiz* bieten). Wenn er diejenigen Leser gewinnen will, die es angeht, müsste er in der Überschrift das Buh-Wort meiden. Wie, darauf verstehen sich Zeitschriften und Boulevardzeitungen, und in den einschlägigen Beiträgen wird davon die Rede sein.

Andere Wörter sind historisch belastet und stehen daher einfach nicht zur Verfügung: Endlösung zum Beispiel. Es war die Nazi-Umschreibung für die Ausrottung der Juden – und so wird es noch lange Zeit unmöglich bleiben, etwa von einer Endlösung des Asylproblems zu berichten, auch wenn es eine humanitäre Lösung sein sollte. Das *Hamburger Abendblatt* wiederum hätte nicht schreiben sollen

```
Moskau bittet um Winterhilfe
```

Denn das „Winterhilfswerk des deutschen Volkes" war eine Einrichtung der frühen Hitler-Jahre, mit der man nicht ausgerechnet Russen in Verbindung bringen sollte. Viele ältere Deutsche haben an die Nazi-Winterhilfe noch lebendige Erinnerungen, und den jüngeren wäre zuzumuten, dass sie die historische Aura des Wortes kennen, soweit sie den Beruf des Journalisten ergriffen haben. Dasselbe

3.7 Exotische Wörter und Silbensalat

gilt für `Parteigenosse`, `Endsieg` oder den Slogan „`Jedem das Seine`", der über dem Eingangstor des Konzentrationslagers Buchenwald stand.

Nun weg von Politik und Psychologie – hin zu der einfachen Frage, welche Wortkategorien durchfallen, wenn man es mit den Generalforderungen IV (*leicht zu fassen*) und V (*Lese-Anreiz*) des ersten Kapitels halten will.

Exotische Namen Problem Nr. 1: der Bekanntheitsgrad. Wen darf der Redakteur bei seinen Lesern als so bekannt voraussetzen, dass sein Name zumutbar ist, auch wenn er ihn nicht in einer Unterzeile erläutern kann, oder gar für die Hauptzeile interessant genug? `Rohani` – wie viele Leute erkennen in ihm den Präsidenten des Iran? `Christian Thielemann` – wie viele wissen ihn als Dirigenten einzuordnen? Das Interesse der Leute für alle Rohanis und Thielemanns dieser Welt nie unterschätzen, ihr Vorwissen aber auch nie überschätzen – das ist der Rat, den man Überschriftenmachern hier geben kann.

> **Regeln für den Umgang mit Namen**
> Menschen, die allgemein bekannt sind, können in der Hauptzeile ohne weiter Vorstellung genannt werden: Merkel, Hoeneß, Vettel; in Lokalteilen: der jeweilige Bürgermeister.
>
> Menschen, die weniger bekannt sind, aber in dem Stück und immer wieder eine tragende Rolle spielen, erscheinen in der Hauptzeile mit ihrem Namen, und die Unterzeile beginnt mit ihrer Funktion. Also oben: „Medwedew reist auf die Krim", und unten „Russlands Regierungschef...".
>
> Menschen, die unbekannt sind und es bleiben werden, erscheinen in der Überschrift nur mit ihrer Funktion („Ex-Minister in England verurteilt")

Problem Nr. 2: Wie ertragen wir es, wenn Rohani nicht in Teheran spricht, sondern in Meschhed? Dieses Problem ließe sich bequem aus der Welt schaffen, wenn man es mit der Regel hielte:

▶ **Zwei oder gar drei Wörter von exotischem Klang** und zweifelhaftem Bekanntheitsgrad sind in der Überschrift verboten.

```
Breiter Sukkurs für Uno-Resolution zu Bosnien
```

Das mag den Lesern der *Neuen Zürcher Zeitung* gerade noch zuzumuten sein – erstrebenswert war es so wenig wie

> Ich klage Horngacher!

in der Boulevardzeitung *Österreich*.

> Dennis Snower übernahm IfW-Spitze

wiederum hieß eine Überschrift in den *Badischen Neuesten Nachrichten*, die in *Karlsruhe* erscheinen. Und da ist wohl die Grenze der Verständlichkeit überschritten. Das IfW ist das Institut für Weltwirtschaft der Universität *Kiel*. (Dass diese aktuelle Meldung zudem im Imperfekt dargeboten wurde, war dann auch schon wieder egal.) Die *Süddeutsche Zeitung* entzückte sämtliche Sinologen unter ihren Lesern mit der Überschrift

> Begnadigung von Jiang Quing möglich, sagt Hu Yaobang

Und wer mit der Hauptzeile

> Wamba di Wamba bietet Frieden an

nichts anzufangen wusste, dem half sie wenigstens mit der Dachzeile:

> In Lubumbashi

Die Großmeisterin der geballten Exotik aber ist die *FAZ*. In ihr war zu lesen:

> Auf Åland treffen sich Albatros und Malamok

Oder:

> Die grosse Lissitzky-Ausstellung im Musée D'Art Moderne de La Ville de Paris

Und außerdem:

> Ulusu kandidiert auf der Liste der Sunalp-Partei

Die *Leine-Zeitung* schließlich berichtete über ein Schützenfest:

> Familie Imiolczyk macht ihrem Namen alle Ehre

Wieso und womit, mag aus dem Lauftext hervorgegangen sein; nur – wer hätte nach dieser Überschrift Lust haben sollen, ihn zu lesen?

3.7 Exotische Wörter und Silbensalat

Erträglich sind gehäufte exotische Wörter nur, wenn sie erkennbar *ironisch* eingesetzt und überdies in der Unterzeile ins Bekannte eingebunden werden – wie hier von der *Abendzeitung*:

```
Kum-Nye Schnaufen in Raubling, hurraxdaxdax!

Die neue deutsche Esoterik-Welle: Gurus entdecken das
                bayerische Oberland
```

Oder von der *Offenbach-Post*, die unter der Hauptzeile

```
Verfassungsgericht: Fünf Vornamen genügen
```

fortfuhr mit der Unterzeile:

```
Nein zu „Chenekwahow Tecumseh Migiskau Kioma Ernesto Inti
   Prithibi Pathar Chajara Majim Henriko Allessandro"
```

Warnsignal: Viele Silben Auch vertrautere Wörter können abstoßend wirken, wenn sie bürokratisch, fachlich, abstrakt – und damit fast immer vielsilbig sind. Es ist unbestritten (und die Verständlichkeitsforschung hat es nachgewiesen), dass ein Wort umso eingängiger und frischer ist, je weniger Silben es hat; schon der bloße Anblick eines Silbenschleppzugs in der Überschrift kann viele Betrachter davon abhalten, zu Lesern zu werden:

```
              Dialogannahme

         Entgeltrahmentarifvertrag

            Kapazitätsengpässe

           Geschossflächenzahl

          Infrastrukturförderung

           Erzeugerdirektverkehr

         Normenkontrollverfahren

      Körperschaftsteuerdurchführungsverordnung
```

Das sind Begriffe von der Art, die einen entmutigenden Anblick, eine abstoßende Form und einen die meisten nicht interessierenden Inhalt sinnreich kombiniert.

Man wende nicht ein, das seien Fachausdrücke, gegen die man nichts unternehmen könne. Wenn man will, kann man sehr oft. Bei den „Kapazitätsengpässen im Gaststättengewerbe" handelt es sich nämlich meistens um Personal- oder Bettenmangel,

```
Zu wenig Hotelbetten
```

zum Beispiel könnte die Überschrift heißen – wenn der Redakteur es wollte. Der *Tagesspiegel* schrieb

```
Der allmähliche Wandlungsprozess der
sowjetischen Medien unter Gorbatschow
```

und er meinte nichts als den *Wandel*: Der ist ein „Prozess" und hat zwei Silben weniger. Was alles sich da tun lässt, warum dem kurzen konkreten Wort die Krone gebührt und wie man es finden kann – davon handelt der Beitrag „Die griffige Überschrift". Hier halten wir nochmals fest, dass ein Wort umso unwillkommener ist, je mehr Silben es hat. Zwar wollen die jeweiligen Experten ihre Fachausdrücke wiederfinden – aber die Unterzeile genügt dafür oft und der Lauftext immer.

3.8 Wechsel im Ausdruck?

Synonyme, lexikalische Varianz sind Pflicht im Deutschunterricht und in den meisten Redaktionen. Eine Überschrift mit Haupt- und Unterzeile stellt uns da vor einen Zielkonflikt.

▶ **Tipp** Ein Wort, das in einem Element dieser Überschrift verwendet worden ist, darf in den weiteren Elementen dieser Überschrift nicht noch einmal eingesetzt werden – darin sind sich eigentlich alle Redaktionen einig.

Unter diesem Gesichtspunkt ist die folgende Überschrift in der SZ (21.3.2014) sicher auch intern als Panne bewertet worden:
`Die halbe Miete` stand in der Hauptzeile, und die Unterzeile ging so weiter: `Die geplante Mietpreisbremse stößt in München auf ein geteiltes Echo`
Dieser Fehler wäre leicht zu vermeiden gewesen: `Die halbe Miete` in der Hauptzeile hätte man zum Beispiel durch ein schönes Zitat aus dem Text ersetzen können: „`Rumpfriemeln an Symptomen`".

3.8 Wechsel im Ausdruck?

Schwieriger wird es, wenn es von der Sache her etwa in der Unterzeile eigentlich geboten wäre, noch einmal das Wort aus der Hauptzeile zu aufzugreifen. Das muss man im Einzelfall entscheiden. Der *Kreisbote Fürstenfeldbruck,* ein Anzeigenblatt, lag am 20.3.2014 mit seiner Wiederholung richtig, ohne sie hätte auch die Hauptzeile nicht funktioniert. Die lautete:

```
Alt werden will jeder ...
```

Und er fuhr in der Unterzeile fort:

```
Alt sein, keiner
```

Aber man sollte die Härte vermeiden, in der Unterzeile wieder Fußgängerzone zu sagen, wenn in der Hauptzeile schon Fußgängerzone gestanden hat; Wechsel ist erwünscht. In der *Passauer Neuen Presse*:

```
30 Jahre Fußgängerzone - Kosmetik fällig

Fußgängerzone am 2. Oktober 1976 offiziell eröffnet
```

Aber die Überschrift ist als ein herausgehobener Text noch empfindlicher gegen die Nachteile, die die Synonyme ohnehin meistens haben – und es sind viele:

Ohne Rückstand lassen sich nur wenige Substantive austauschen – Lift gegen Fahrstuhl zum Beispiel. Samstag und Sonnabend, Metzger und Schlachter schon nicht mehr, denn je nach der Region wird das andere der beiden Wörter als unwillkommen empfunden. Keinesfalls Besuch und Visite, denn die Visite ist ein Besuch von oben herab: des Bischofs bei seinen Pfarrern, des Chefarztes bei den Patienten.

```
Merkels Visite in Washington
```

(weil der Besuch in der Hauptzeile verbraucht war) ist also nicht erträglich – denn nicht zum Inspizieren war sie nach Amerika geflogen, sondern als regulärer Gast, und Gäste machen nun einmal Besuche und sonst nichts auf der Welt.

Keineswegs eindeutig sind viele beliebte Synonyme nicht das Donauland für Österreich, denn auf Ungarn trifft die Umschreibung in höherem Grade zu; nicht der Vierbeiner für Hund, denn vier Beine haben auch Krokodile.

Überfordert wird das Verständnis vieler Leser bei zahlreichen beliebten Synonymen: `Wien` für Österreich, das geht noch, aber `Amman` für Jordanien eher nicht mehr und `Islamabad` für Pakistan keinesfalls; auch nicht `Ballhausplatz` für Wien.

Krampf und Lächerlichkeit sind oft das Resultat Für Boris Becker im zweiten Satz `der Leimener`, für die Wahl im zweiten Satz der `Urnengang`, für Köln immer wieder `Domstadt` – das sind keine Synonyme, sondern die Zwangsvorstellungen schreibender Redakteure, die niemals so sprechen würden.

Lässt sich die Wiederholung einfach vermeiden? Es muss gar nicht immer sein. Der Bonner *General-Anzeiger* schrieb am 25.2.2014 über den Umsturz in der Ukraine:

```
      Dem Machtkampf folgt der Machtkampf
```

Die *Berliner Zeitung hingegen* schrieb:

```
      Begehrte Filmbänder für deutsche Streifen
```

– und dabei hat sich seit Erfindung des Films kein Kinogänger jemals einen `Streifen` angesehen. Richtig, zweimal `Film` in einer Zeile, das wäre hart; aber

```
      Begehrte Bänder für deutsche Filme
```

hätte man wohl schreiben können.

Nach dieser Methode lässt sich oft der Zielkonflikt lösen, wenn man weder den Ausdruck wiederholen noch durch die Auswahl eines Synonyms krampfig werden will: prüfen, ob man nicht sowohl das eine wie das andere einfach vermeiden kann. Demnach hätte die *Stuttgarter Zeitung* auch nicht schreiben müssen:

```
      Paris gibt Balten ihr Gold zurück
   3,2 Tonnen des Edelmetalls lagern bei der Banque de France
```

Edelmetall, das mag noch gehen – nur warum überhaupt? `3,2 Tonnen lagern...` ist eindeutig, denn wer hätte je Paris oder die Balten gewogen? Die *FAZ* blockierte das Wort `Streusalz` durch Verwendung in der Unterzeile

```
      Streusalz im Winter: Sicherheit hat Vorfahrt
```

Was sollte sie in der Hauptzeile dafür sagen? `Natriumchlorid` sagte sie!

`Nur noch soviel Natriumchlorid wie nötig`

Dies als Streusalz zu erkennen, wird der Mehrzahl der Leser schwergefallen sein. Unverständlichkeit aber ist für den Wechsel im Ausdruck kein erträglicher Preis. Dabei hätte man oben schreiben können:

`Nur noch so viel streuen wie nötig`

und unten `Salz`. Wo die Methode *Sei einfach sparsamer mit deinen Wörtern* nicht weiterhilft (und natürlich hilft sie nicht immer): Da muss man ein ungenaues Synonym wohl in Kauf nehmen: `Facebook` oben, unten `das soziale Netzwerk`.

Auch der Übergang zu einem hässlicheren Wort lässt sich in Kauf nehmen. Hat man zum Beispiel in einer Zeile `Kreditinstitute` gesagt, so kann man in der anderen zu `Banken und Sparkassen` wechseln – mit der Empfehlung, den `Banken und Sparkassen` die Hauptzeile zu gönnen und die `Kreditinstitute` in die Unterzeile zu verbannen statt umgekehrt: Denn Banken und Sparkassen haben zusammen nur genauso viele Silben wie die Kreditinstitute allein; sie verteilen aber ihre sechs Silben auf drei Wörter (keine Schleppzüge!); sie sind konkret; und sie sind allen Lesern verständlich (die Kreditinstitute nicht). Genau aus solchen Wörtern macht man Überschriften.

3.9 Die Boulevard-Überschrift – Sonnenseite

Gibt es etwas, das noch schwieriger ist als das Überschriften-machen für eine Abozeitung? Ja: das Überschriftenmachen für eine Boulevardzeitung. Abozeitungen haben es trügerisch gut: Der Einzelverkauf ist meist relativ gering; bei den Überschriften geht es im Wesentlichen darum, ob die dazugehörigen Artikel gelesen werden oder nicht. Das führt aber manchmal zu peinlichen und langfristig zu gefährlichen Schlagzeilen. Peinlich, weil man sich nur mal jede Woche den „Hohlspiegel" im Spiegel ansehen muss – die Rubrik wird fast ausschließlich von Stilblüten aus Abozeitungen gespeist. Wer nicht jeden Tag aufs Neue um Kundschaft ringen muss, der gibt sich offenbar zu oft zu wenig Mühe; oder hat nie Wert darauf gelegt, das Überschriftenhandwerk zu lernen. Und gefährlich sind diese Schlagzeilen in dem Sinne, dass sie existenzbedrohend sind: Man sieht ihnen oft an, dass sie eben nicht um Leser werben, sondern bestenfalls solide daherkommen wollen. Gut verwalteter Nachrichtenstoff. Aber sie regen niemanden auf, sie geben niemandem das Gefühl, am Abonnement unbedingt festhalten zu müssen. Boulevardzeitungen dagegen müssen Tag für Tag am Kiosk um ihre Käufer werben. Deshalb haben sie eine Überschriftenkultur, die man nicht nur auf Seite 1 überm Bruch, sondern auch auf Seite 17 links unten feststellen kann.

Tage, an denen nichts los ist, sind für Tageszeitungsredakteure manchmal quälend, aber sie schädigen die Auflage nicht unmittelbar; Boulevardzeitungen müssen sich an solchen Tagen etwas einfallen lassen, oder es geht ihnen sofort an die Existenz. Schön also, wenn sie dann den Einfall haben:

```
           Hat Genscher neue Ohren?
```

(*Bild*)
Weniger schön, wenn die Schlagzeile lautet:

```
     München - Stadt der schönen Scheidungsgründe
```

(*Abendzeitung*)
– ein typischer Verlegenheits-Aufmacher.

Der Zwang zu Saft und Kürze Doch auch an Tagen, an denen die Wahl des Aufmachers keine Probleme bereitet, haben Boulevardzeitungen es schwerer als Abo-Blätter.

```
In der Osterpause will der Bundeskanzler über eine Umbildung
                 der Kabinetts nachdenken
```

– das ist eine Zeile, wie sie der *Süddeutschen* vor vielen Jahren durchaus angemessen war. Für die *Abendzeitung* jedoch, das Boulevardblatt im Haus nebenan, wäre eine solche Formulierung unmöglich gewesen: zu nüchtern und viel zu lang. 83 Anschläge wie die *Süddeutsche* – so viel hat nicht zur Verfügung, wer wegen des Kiosk-Verkaufs auf große Lettern angewiesen ist. Ein Drittel davon ist das Höchste der Gefühle. Und da soll dann hineingepackt werden, dass es mit dem Image des Bundeskanzlers Helmut Kohl nicht zum Besten stand, dass er deshalb an eine Kabinettsumbildung dachte und dass viele Minister um ihre Ämter bangten! Das Überschriftenmachen in der Boulevardzeitung ist oft wie die Quadratur des Kreises, aber an diesem Tag gelang sie der *Abendzeitung* mit Bravour:

3.9 Die Boulevard-Überschrift – Sonnenseite

```
            Bonn in Sorge - Kohl denkt nach
```

Starke Ironie von der Absicht, mindestens von der Wirkung her – es war also zugleich ein Kommentar.

Weniger Platz zu haben, kann aber auch helfen Nachdem der stellvertretende CSU-Vorsitzende Peter Gauweiler am Aschermittwoch 2014 um Verständnis für Russland in der Krim-Krise geworben hatte, meldete die *Süddeutsche Zeitung* anderntags, irgendwie solide:

```
      Gauweiler: Moskau ist ein Teil Europas
```

So viele Buchstaben hätte die Abendzeitung an diesem 6.3. nicht untergekriegt. Sie schrieb:

```
         Gauweiler nimmt Putin in Schutz
```

Und war damit viel spritziger.

Boulevardzeitungen haben manchmal mehr Mut als Abozeitungen Im Februar 2014 gab Landwirtschaftsminister Hans-Peter Friedrich von der CSU sein Amt auf, weil er ein paar Monate zuvor als Innenminister den SPD-Vorsitzenden Sigmar Gabriel über einen strafrechtlichen Verdacht gegen einen SPD-Abgeordneten informiert hatte; was er nicht durfte. Man kann dazu natürlich eine Überschrift machen wie die *SZ am 15.2.*:

```
           Friedrich stürzt über Fall E.
```

(Die Zeitung schrieb den Namen aus, er spielt für dieses Buch aber keine Rolle.) Handwerklich völlig in Ordnung, sehr solide. *Bild* hingegen beließ es nicht bei der Nennung dieses Fakts. Alle Berliner Journalisten wussten, dass die Kanzlerin ihren Minister zum Rücktritt aufgefordert hatte. Also titelte *Bild*:

```
         Merkel feuert Minister Friedrich
```

Die Sitten sind beim Boulevard lockerer Wer den Boulevardzeitungen nicht die Existenzgrundlage entziehen will, muss ihnen ohnehin ein paar Konzessionen machen. Sie bedienen sich der dritten Potenz – nach folgender Reihe:

- Nachrichten spitzen zu.
- Überschriften spitzen die Zuspitzung zu, sie dramatisieren in der Potenz, auch wenn sie sich um Seriosität bemühen.
- Boulevard-Überschriften übertreiben in der dritten Potenz, nämlich oft über ihren eigenen Lauftext hinaus.

Eine Grenze zwischen Kommentar und Nachricht kennen sie nicht.

Gleichwohl wird man unterscheiden dürfen zwischen Überschriften, die sich auf zumutbare, oft pfiffige, manchmal meisterliche Weise innerhalb dieses Rahmens bewegen – und solchen, bei denen auch ein Minimum an Anstand oder Augenmaß nicht mehr aufzuspüren ist. Boulevard-Überschriften können so schön sein, dass im Vergleich dazu jede Abo-Zeitung ein bisschen verstaubt wirkt, und andererseits können sie so schrecklich sein, dass man sich schämt für die Zunft, der man angehört.

Meisterliche Kürze Wie bringt man eine Schlagzeile über das WM-Viertelfinalspiel Deutschland gegen USA zustande, in der man nicht nur mitteilen will, dass die Deutschen entsetzlich schlecht spielten, sondern auch, dass ihr Torwart aber sagenhaft gut war – und dies alles in 20 Anschlägen?

```
Kahn schlägt Amerika
```

schrieb *Bild*. Die *Hamburger Morgenpost* wiederum, das kleinformatige Blatt, brachte es vor Jahren fertig, den Rücktritt des Bürgermeisters Klaus von Dohnanyi in sechs Riesenlettern auszudrücken: Neben einem Foto, auf dem jeder Hamburger ihn erkannte, stand

```
Er geht
```

Die *Bild*-Zeitung schaffte es, mit vier Wörtern alle Vorstellungen umzustülpen, die mit der Heidi-Welt der Heimatmelodien verbunden werden; über die Fotos der erfolgreichsten Plattenproduzenten schrieb sie:

```
Volksmusik Wer hasst wen?
```

Legitime Pointierung Boulevardzeitungen sind, anders als die oft behäbigen Abo-Blätter, darauf erpicht, Pointen zu setzen, Kontraste herauszuarbeiten – oft mit schönem Erfolg.

3.9 Die Boulevard-Überschrift – Sonnenseite

```
Hohenzollernprinzessin heiratet ihren Fliesenleger
```

– dagegen ist nichts zu sagen, wenn es denn stimmt; und es stimmte (*tz*).

```
Treuhand-Boss (61) verließ seine Frau (81) Die neue ist
                  50 Jahre jünger
```

(*Bild*): Das ist Klatsch und Tragödie in einem, das mögen die Leute.

```
Geisel in Beirut - ein steuerpflichtiger Job
```

schrieb die *Abendzeitung* über den Ärger, den ein aus dem Libanon befreiter Brite mit dem Finanzamt bekam.

```
Spion muss schon spionieren dürfen

So verteidigt Anwalt den Ex-Stasi-General
```

– ein gelungenes Beispiel dafür, wie man eine komplizierte juristische Angelegenheit auf den Punkt bringen kann.

Legitime Kommentierung Akzeptiert man, dass die Boulevardzeitungen Nachricht und Meinungen ohnehin nicht trennen, so muss man einräumen, dass es da oft sehr treffende Deutungen gibt. So in der *tz*:

```
Nach Streit: Kohl und Streibl machen wieder in Harmonie
```

Das sind nicht nur einfache, kräftige Worte, sondern sie drücken auch die Skepsis der Redaktion aus, was eine dauerhafte Versöhnung der beiden Politiker betrifft – sie vermeiden also den *fahrlässigen* Kommentar, wie er in einer Formulierung von der Art „Kohl und Streibl haben sich versöhnt" enthalten gewesen wäre. Drastisch in Wort und Bild der Kommentar, mit dem *Bild* 1991 auf den Bruch des Steuerversprechens durch Helmut Kohl reagierte: Sie legte ihn auf den Rücken und schrieb dazu

```
Der Umfaller
```

Mit dem Leser reden Dieser Überschriften-Technik bedient sich die *Bild*-Zeitung besonders gern. Wo das *Hamburger Abendblatt* meldete

```
Kleinkind im Gartenteich verunglückt
Ehepaar zu Haftstrafe verurteilt
```

da ging *Bild* das Thema so an:

```
Achtung, Gartenfreunde, unbedingt lesen! Gefängnis, weil Kind
         im Zierteich verunglückte
```

Es kommt durchaus vor, dass die *Bild*-Zeitung mit dieser Methode einen öffentlichen Unfug geißelt und damit möglicherweise zu seiner Milderung beiträgt:

```
Seid Ihr denn alle verrückt?
```

schrieb sie nach einer Häufung von Massenkarambolagen im Nebel, ähnlich:

```
Was tun, wenn bei Tempo 120 der Reifen platzt? Diesen Beitrag
    zu lesen kostet Sie 180 Sekunden; diesen Beitrag nicht zu
            lesen kostet Sie vielleicht Ihr Leben
```

– wenige Tage, nachdem ein Bundesliga-Fußballer auf diese Weise ums Leben gekommen war. Nach lediglich 42 Prozent Wahlbeteiligung in der ersten Runde der Münchner OB-Wahl schrieb die tz zwei Wochen später, am 29.3.2014, vor der entscheidenden zweiten Runde:

```
Blamiert uns nicht wieder - geht wählen!
```

Dergleichen bewirkt nichts; aber es entlastet zumindest diejenigen Leser, die eine solche niedrige Beteiligung für beklagenswert oder gar gefährlich halten. Dies ist überhaupt eine Technik, der sich Boulevardzeitungen gern bedienen: Ihnen kommt es nicht auf die bloße Verkündung von Tatsachen an, denn die sind den Leuten durch Radio und Fernsehen meistens längst bekannt; stattdessen sprechen sie aus, was den Leuten angesichts dieser Tatsachen durch den Kopf geht. Die Leser werden auf halbem Weg abgeholt und damit ans Blatt gebunden.

Besonders drastisch der *Sydney Morning Herald* am Morgen, nachdem die australische Nationalmannschaft bei der WM in Deutschland durch ein Elfmetertor unmittelbar vor dem Schlusspfiff ausgeschieden war:

```
Fucking Bullshit
```

Der Appell ans Gemüt Rudi Carrell wird die zynische Behauptung zugeschrieben, die Schlagzeile, mit der man die deutsche Seele am tiefsten treffen könne, müsste heißen: „Deutscher Schäferhund leckt Inge Meysel Brustkrebs weg", und ein Journalisten-Witz von 1957 lautete, die CDU könne die Bundestagswahl allenfalls noch dann verlieren, wenn die *Bild* die Schlagzeile brächte: „Adenauer schlachtet junge Hunde".

Die Wirklichkeit bleibt dahinter nicht sehr weit zurück – im Februar 2014 erfuhren die *Bild*-Leser:

```
Dänen wollen nächste Giraffe erschießen!
```

Der Branchen-Informationsdienst *Kress-Report* schrieb über die *Bild*-Technik 1982, aber gültig bis heute:„Wenn die beabsichtigten Mechanismen einer *Bild*-Schlagzeile (Kauft, Leute, kauft!) als ebenso legitim gelten dürfen wie die psychologisch abgetestete Gestaltung einer x-beliebigen Markenpackung, dann war eine Headline dieser Woche eine Meisterleistung – enthielt sie doch nicht weniger als vier starke Reize, die eines deutschen Menschen Herz zu Reflexen zwingen (Romy, Mutter, lügen, die Knef). Der flammende *Bild*-Aufschrei:

```
Romys Mutter: Warum lügen Sie, Frau Knef?
```

– besser geht's einfach nicht, wa! Der Tatbestand ist eh wurscht." Manchmal gelingt es den *Bild*-Leuten, ihre Einfälle direkt dem Rückenmark zu entnehmen – und das ist nicht ohne Respekt gesagt. Zum Tod des Ayatollah Khomeini:

```
Kommt so ein Mensch in den Himmel?
```

Und als eine DC 10 auf langwierige Weise abgestürzt war, stand über dem Augenzeugenbericht eines der wenigen Überlebenden:

```
So ist das also, wenn man stirbt
```

3.10 Die Boulevard-Überschrift – Schattenseite

Kommentieren erlaubt, Pointieren erwünscht; Hinwendung zum Leser legitim, Übertreibung innerhalb gewisser Grenzen erträglich; ein schwieriges Handwerk mit etlichen Meisterstücken – dies die bisherige Bilanz. Nun kommen wir zu den Schattenseiten.

Die törichte Übertreibung Die verbreitete Technik, in der Überschrift mehr zu versprechen, als der Text hält, wird oft bis zur totalen Irreführung und zur Albernheit getrieben.

```
                    Nie mehr Zahnweh!
```

überschrieb einst die *Hamburger Morgenpost* eine Meldung, die lediglich besagte: ... falls ein neu entwickelter Impfstoff hält, was sein Hersteller verspricht. Im April 1992 bebte im Rheinland die Erde, es gab Verletzte, und bei manchen Häusern rissen die Wände. Tags darauf stand in der Münchner *Abendzeitung*:

```
                  Europa bricht auseinander
```

Oder, das Kölner Boulevardblatt *Express* in seiner Online-Ausgabe am 19.3.2014, während die halbe Welt nach der verschollenen Boeing aus Malaysia suchte:

```
            Hat Courtney Love Flug MH370 gefunden?
```

Auch dies ist jene Art von alberner Übertreibung, die jeder sofort erkennen wird: Ausgerechnet eine Frau, die seit Jahren zu den Untoten des Boulevards gehört und daheim vor ihrem Computer sitzt, soll das größte Rätsel gelöst haben, dass es auf der Welt zu der Zeit gab? Eher hätte Lothar Matthäus mittels Filibuster den Krim-Konflikt gelöst. Und schon im ersten Absatz teilte der *Express* mit, dass die Redaktion von ihrer eigenen Spekulation wenig hielt: „Die Witwe von Nirvana-Frontman Kurt Cobain postete bei Facebook ein vermeintliches Beweisfoto".
  Einen Rekord stellte die vor Jahren eingestellte Frankfurter *Abendpost/Nachtausgabe* auf:

```
      Schon 30 Menschen angefallen und umgebracht

   Killer-Hunde Wann und warum sie zum Wolf werden und töten
```

Gestützt auf den Text:

```
     Kiel/Gießen. Immer wieder - und gerade in letzter Zeit
    öfter - brechen Hunde aus ihrer Rolle als treuer Freund des
         Menschen aus und folgen uralten, durch die Zähmung
    unterdrückten Jagdinstinkten. Etwa 30 Menschen sind seit Ende
       der 40er Jahre von Hunden angefallen und getötet worden.
```

3.10 Die Boulevard-Überschrift – Schattenseite

Eine Sonderform der törichten Übertreibung ist der Versuch, aus einem völlig normalen Verhalten dennoch eine Schlagzeile heraus zu kitzeln. Was macht ein Staatschef, wenn er einen Luftangriff erwartet? Er verlegt seine Kommandozentrale in einen Bunker. Wie reagieren die Menschen, wenn wenige Tage zuvor ein Jumbo abgestürzt ist und es dabei mehr als 200 Tote gab? Sie reisen dennoch per Flugzeug in den Urlaub. Für die Schlagzeile ist das ungünstig, und also gibt es für viele Redakteure nur eine Lösung: Sie empören sich über das ganz und gar normale Verhalten des Staatschefs, und sie erklären das ebenso normale Verhalten der Urlauber zur Sensation. Dann steht in *Bild*, unmittelbar vor Ausbruch des ersten Golfkriegs:

```
Feige! Hussein versteckt sich im Bunker
```

und in der Münchner *tz*, ein paar Tage nach dem Absturz einer Boeing über Thailand:

```
Die Münchner im Urlaub: Sie fürchten weder Tod noch Teufel
Die tz wollte wissen: Steigen Sie noch in ein Flugzeug?
```

Die Geschmacklosigkeit Wo sie beginnt, lässt sich nicht festlegen; dass sie häufig stattfindet, lässt sich kaum bestreiten. *Berliner Kurier* und *B.Z.* verspotteten Uli Hoeneß, aber nicht zu einer Zeit, da sie mit Gegenwehr rechnen mussten, sondern als der Mann am 14.3.2014 auf dem Boden lag:

```
Richter macht ihn rein

Der Runde muss ins Eckige
```

Mit diesen Zeilen tapezierten beide Blätter ihre Titelseite am Tag nach dem Urteil.

Bild liebt selbstverständlich das Nackte:

```
Fergie nackt!
```

– eine Traumüberschrift, aber nur dann in Ordnung, wenn Fergie, oder wer auch immer, für das Foto posiert hat; wurde sie heimlich fotografiert, war, ist und bleibt es eine Form von Vergewaltigung. Noch traumhafter ist es, wenn das Nackte mit dem Toten kombiniert werden kann:

```
            Nackt, tot im Luxusbett
         Nackt, tot unter Komposthaufen
      Millionärin nackt, tot im Swimmingpool
         Nackter sticht 7 Menschen nieder
    Menschenfresser tanzte mit nackter Liebespuppe
```

Womit wir bei der Berliner B. Z. wären und ihrer unvergesslichen Seite, auf der sie den so genannten „Kannibalen von Rotenburg" ihren Lesern vorstellte:

```
    Das ist Armin, er hat Bernd aus Berlin gefressen
```

Wie nahe gehen uns noch die Überschwemmungs-Katastrophen in Bangla Desh? Sage keiner, die *Abendzeitung* habe nichts für Schicksale übrig:

```
    Acht Tage von Liebe gelebt Bangladesch: Paar trieb auf
              Holzplanke - jetzt Hochzeit
```

Nachdem an einem Dezembersonntag in München eine Papierfabrik abgebrannt, ein Kuhstall in Flammen aufgegangen und eine Frau mit Verbrennungen aus ihrer in Flammen stehenden Wohnung gerettet worden war, schrieb die *tz*:

```
              Feuriges Wochenende
```

Zynisch zu werden ob fahrlässig oder mit Vorsatz, ist allerdings kein Privileg der Boulevardzeitungen. Die *taz* wird es oft – so bei ihrer Schlagzeile über den britischen Verleger Robert Maxwell, der im Mittelmeer ertrunken war:

```
         Feuchter Abschied vom Imperium
```

Als Panne dagegen, wenn auch eine schlimme, ist vermutlich einzuordnen, was der *Welt* widerfuhr: Der Text hieß: „Am ersten Tag seiner Lehre ist gestern ein 16-jähriger aus Ahrensburg in der Bellevue (Winterhude) von einem Balkon im zweiten Stock seines Lehrbetriebes auf den Firmenhof gestürzt. Er war sofort tot." Die Überschrift lautete:

```
              Trauriger Anfang
```

3.10 Die Boulevard-Überschrift – Schattenseite

Die Scheinheiligkeit In den sechziger Jahren gab es Illustrierte, die Fotos von nackten Frauen mit Worten der Entrüstung präsentierten, nach dem in der Branche sprichwörtlich gewordenen Motto: „Solche Bilder wollen wir nicht sehen." Ähnlich druckte die *Abendzeitung* genüsslich Einzelheiten über das Liebesleben von Franz Josef Strauß – aber unter der Schlagzeile:

```
Musste das sein, Frau Piller? Die Geliebte erzählt: Meine
                erste Nacht mit Strauß
```

Das Magazin *Focus* kündigte zwanzig Jahre später auf der Titelseite an:

```
 „Unterschichten-Fernsehen!" Grusel-Dokumentation über
               TV-Angebote am Nachmittag
```

Und delektierte sich dann im Innenteil auf einer Sechs-Seiten-Strecke über absonderliche und vulgäre Begebenheiten aus Gerichts-Shows.

Noch einen Schritt weiter ging die *Bild*-Zeitung mit ihrem Aufmacher vom 11. 8.1992. Unmittelbar nach den Olympischen Spielen von Barcelona berichtete sie von Stasi-Vorwürfen gegen die Familie der damals 14-jährigen deutschen Medaillengewinnerin:

```
         Rufmord an Olympia-Star Franzi
```

Im Text ging es dann um „Neider", die den Eltern der Sportlerin vorgeworfen hätten, auf den Gehaltslisten der Stasi gestanden zu haben. Die Redaktion gab Empörung und Mitleid mit den Beschuldigten vor („So schnell kann Glück vergehen ... Wir haben noch ihr fröhliches Lächeln vor Augen"), die Mutter durfte sich gegen die Anwürfe verteidigen; doch in Wahrheit zeigte die Schlagzeile, wozu Boulevardzeitungen fähig sind, wenn sie um der Auflage willen sämtliche Hemmungen fallen lassen: Bis zur Veröffentlichung in *Bild* war nämlich von einem Rufmord gegen den „Olympia-Star" nichts bekannt, und es hätte einen solchen vermutlich auch nicht gegeben, wenn *Bild* sich nicht die „Neider" zu Diensten gemacht hätte. In den Fällen Piller/Gerichtsshows bestand die Scheinheiligkeit darin, dass die Zeitungen sich über laufende Debatten erregten; hier darin, dass die Zeitung eine Debatte anzettelte und sich zugleich über diese erregte.

Im Fall Uli Hoeneß wiederum, im Frühjahr 2014, lieferte *Bild* eine Mischform der beiden Varianten:

```
        Zerbricht Hoeneß am Knast-Urteil?
```

titelte sie am 14.3. auf Seite 1 – nachdem sie einen Tag zuvor auf demselben Platz gefordert hatte:

```
Steck t Hoeneß in den Knast!
```

Bild nutzte eine laufende Debatte, um sie weiter zu befeuern.

Auch mit unsinniger Übertreibung lassen sich Effekte erzielen
– wie in dem Fall:

```
Streik! Kashoggi als Müllmann
```

Wozu *Bild* berichtete:

```
Die oberen Zehntausend von New York sind in Schwierigkeiten
geraten. Die Gewerkschaften haben die rund 25.000 Pförtner
und Hausbediensteten zum Streik für mehr Lohn aufgefordert.
Jetzt müssen Millionäre wie Donald Trump oder Adnan Kashoggi
           ihren Müll selbst zur Tonne bringen.
```

Natürlich mussten sie nicht – und müssten sie, wären sie immer noch keine „Müllmänner".

Und dann sind da Politiker die sich bereit finden, der Schlagzeile zuliebe ihre Meinung nachträglich anders auszudrücken. Ingo v. Münch (FDP), einst zweiter Bürgermeister, hatte im Gespräch mit der *Hamburger Morgenpost* den Diätenskandal im Stadtparlament „entwürdigend" genannt. Dieses Wort hatte erstens zwölf Buchstaben und war zweitens nicht so drastisch, wie die Redaktion es gern gehabt hätte; so bat sie den Politiker, „schamlos" gesagt zu haben, schärfer und nur acht Buchstaben lang. Münch war einverstanden, und die Schlagzeile konnte lauten:

```
              Das Diäten-Ding
„Schamlos!" Professor von Münch will „unmögliches Verfahren"
                    ablehnen
```

Redakteure und Politiker als Komplizen, die Arm in Arm dem Leser etwas vorgaukeln.

3.10 Die Boulevard-Überschrift – Schattenseite

Die Meinungsmache Ihren Tiefpunkt erreicht die Boulevard-Überschrift, wenn sie ihre unseriösen Mittel in den Zweck einbindet, Meinung zu machen oder der vermuteten Käufer-Mehrheit durch politisch gefärbte Schlagzeilen zu schmeicheln. Die *Bild*-Zeitung trieb das in der Zeit der Studenten-Unruhen zum Exzess, aber gelassen hat sie von dem Mittel nie. Nachdem die deutsche Fußball-Nationalmannschaft bei der EM 2012 gegen Italien ausgeschieden war (was nun mal passieren kann), betrieb sie am 30.6. die pure Aufwiegelung.

```
Memmen gegen Männer
```

lautete die Überschrift, darüber zwei Fotos der italienischen und der deutschen Nationalmannschaft. Weitere Überschriften auf der Seite:

```
Lahm labert wie ein Politiker

Gomez hat nur die Haare schön

Schweini wird nie ein Chef
```

Die Anmaßung Auch dies ist eine Spezialität der *Bild*-Zeitung: die Rolle des Journalisten verlassen, die Attitüde eines Richters einnehmen.

Die Vier-Seiten-Strecke zum Ausscheiden der Deutschen begann mit der Zeile:

```
Die Abrechnung
```

Als zwei Jahre später sich der Strafprozess gegen den Präsidenten des FC Bayern dem Ende zuneigte, brachte die Zeitung auf Seite 1 die bereits zitierte Zeile:

```
Steckt Hoeneß in den Knast!
```

Als ob es Aufgabe von Journalisten wäre, solche Plädoyers herauszuschreien.

Die Geschichte hinter zwei Bild-Schlagzeilen erzählte Walter Riester, Arbeitsminister im Kabinett Schröder von 1998 bis 2002, in der *taz*: „Ein *Bild*-Redakteur rief an, dass morgen die *Bild* mit der Schlagzeile ‚Zwangsrente Riester' aufmacht. Nur wenn ich ihm ein Exklusiv-Interview gäbe, würde er die für den Folgetag geplante Schlagzeile ‚Wann fliegt Riester?' verhindern können. Und ich blöder Hund bin auch noch darauf eingegangen! Die Schlagzeile am Tag darauf lautete: ‚Wutwelle rollt auf Bonn'. Das war kaum besser."

Manipulation auch in der *tz*

> Jugos kamen zum SSV und mordeten

Die berüchtigte Entgleisung der *Super*-Zeitung, die Anfang der neunziger Jahre in den neuen Bundesländern erschien, lautete:

> Angeber-Wessi mit Bierflasche erschlagen
> Er protzte mit seinem BMW herum, beschimpfte seine Mitarbeiter als doofe Ossis/Ganz Bernau ist glücklich, dass er tot ist

Eine üble Schlagzeile aus Wien

> Hexenjagd auf Kriegsgeneration!

schrieb die *Kronen-Zeitung*. Wer jagte da wen, und wer behauptete, dass diese Jagd es verdiene, „Hexenjagd" zu heißen? Steirische Politiker, die wieder einmal die Schirmherrschaft über ein Treffen ehemaliger Angehöriger der Waffen-SS übernommen hatten, waren diesmal dafür unter öffentlichen Beschuss geraten. Wer die Schirmherren kritisierte, hatte also kaum eine „Hexenjagd" veranstaltet (maßlose Übertreibung); wenn aber, dann auf die Waffen-SS und ihre Schutzpatrone – nicht auf die „Kriegsgeneration" (schamlose Übertreibung).

Und wer behauptete, dass hier eine „Hexenjagd" getrieben werde? Das „Fußvolk von SPÖ und ÖVP", wie die viel kleinere Dachzeile über der Schlagzeile verkündete. Und woher weiß die *Kronenzeitung*, dass „das Fußvolk" zweier Parteien so denkt? Von einem SPÖ-Sekretär, der „herbe Kritik seitens der Parteibasis" eingestanden habe. Die übrigen Quellen lauteten: „In der ÖVP wird davor gewarnt" und „Vor allem im Fußvolk gärt es".

Üble Stimmungsmache also, klare Manipulation – in der größten Zeitung Österreichs, die in Relation zur Einwohnerzahl des Erscheinungslandes sogar die größte Zeitung der Erde ist. Am Morgen nach der Wahl vom 1. Oktober 2006 schrieb sie:

> Wähler wollen große Koalition

Dabei wusste selbst jeder Ignorant, dass das Wahlergebnis auf etwas ganz anderes zurückzuführen war: auf den lieblosen, arroganten Wahlkampf der Kanzler-Partei ÖVP. Sie schaffte es nicht, ihre Wähler zu mobilisieren – und plötzlich hatte sie ihren Status als stärkste Partei verloren. Nicht die Wähler wollten also die große Koalition, die *Krone* forderte sie.

Eine aufwiegelnde Zeile aus dem Sommer 2006

```
Touristen empört über Anti-Urlaubs-Minister
```

schrieb zum Beispiel die *Abendzeitung,* nachdem der damalige Bundesfinanzminister Peer Steinbrück etwas Ungeheuerliches getan hatte: Er hatte den Deutschen dringend geraten, mehr als bisher für ihre Altersvorsorge zu tun. Er hatte ihnen zudem die einzige Möglichkeit genannt, wie sie das schaffen könnten, nämlich, indem sie ihren Konsum begrenzen, und er hatte nicht abstrakt „Konsum begrenzen" gesagt, sondern versucht, es an einem Beispiel klarzumachen, nämlich dem Urlaub. Im Zweifel müssten die Deutschen eben auf eine ihrer Reisen im Jahr verzichten, hatte Steinbrück in einem Interview der *Hörzu* gesagt, mitten im August, zur Hauptreisezeit. Im Grunde hatte er nur eine Banalität ausgesprochen. Aber er hatte nicht damit gerechnet, dass Boulevard-Zeitungen sich keineswegs immer zufrieden geben, dem Volk aufs Maul zu schauen - sie reden ihm auch gern nach dem Mund. „Wir haben Urlaub verdient", durfte darauf hin eine „Familie Meier" auf Seite 1 dem Minister entgegen schleudern, „mehr Reaktionen: Seite 9." So erging es Steinbrück in nahezu allen Boulevardzeitungen des Landes; nach ein paar Tagen spürte er, dass er in der Kampagne keine Chance haben würde. Er zog seine Mahnung mehr oder weniger zurück. Die Neigung, so zu formulieren, aber behielt er bei; der Bundestagswahlkampf 2013 hat's zur Genüge gezeigt.

> **Was bleibt nach der Fülle des Für und Wider? Drei Faustregeln.**
>
> - Faustregel für Redakteure von Boulevardzeitungen: Lasst sie weg – die *Meinungsmache,* die *Erfindung, die Anmaßung* und die *Scheinheiligkeit.* Wo die *Übertreibung* zu dick ist oder der *gute Geschmack* verletzt wird, darüber streiten wir im Einzelfall.
> - Faustregel für Redakteure bei Abo-Zeitungen: Ein Praktikum in einer Boulevardzeitung würde den meisten gut tun. Diese unerhört schwierige Technik zu erlernen und dann einen dosierten Gebrauch von ihr zu machen – das wäre das Größte.
> - Faustregel für Leser von Boulevardzeitungen: Die Überschriften sollen euch das Portemonnaie aufmachen und sonst nichts. Wenn sie auch noch stimmen – umso besser.

3.11 Die Überschrift in der Zeitschrift

An die Überschrift wird in den Wochen- und Monatsmagazinen erstens eine höhere und zweitens eine ganz andersartige Anforderung gestellt als in der Zeitung.

- Die *Andersartigkeit* folgt aus der typischen Platzierung der Zeile in einem oder neben einem auffallenden Bild.
- Die *höhere Anforderung* erklärt sich aus der Lebensgrundlage der Zeitschrift: Anders als die Tageszeitung oder eine Nachrichtenseite im Netz befriedigt sie kein Primärbedürfnis, und vor allem in Kriegs- und Notzeiten wäre sie vom Zusammenbruch bedroht: Wohn-und Fresszeitschriften vermutlich sofort, aktuelle Illustrierte später.

Die prinzipielle Entbehrlichkeit der Zeitschrift hängt auch in guten Zeiten als ständige Warnung über ihr: Ein lieblos hingehudeltes Magazin, das vom Einzelverkauf abhängt, ist dem Untergang geweiht.

Das macht die Überschrift so wichtig wie nur noch in der Boulevardzeitung: Bei der entscheidet die Schlagzeile über den Verkauf *dieser* Ausgabe – im Magazin ist die Qualität der Überschriften auch mitentscheidend für den Erfolg der *nächsten* Nummer. Denn nur, wenn die Überschriften ihren Beitrag dazu leisten, mir das Heft schmackhaft zu machen, werde ich mir auch die nächste Ausgabe kaufen. Zeitschriftenredakteure wissen das; und da sie mehr Zeit haben, um die perfekte Zeile zu ringen als ihre Kollegen von der Boulevardzeitung, bringen sie viele klassisch-schöne Überschriften zustande.

```
                    Wohin mit Opa?
```

hieß am 14.11.2013 ein *Stern*-Bericht während der Koalitionsverhandlungen über die damals ungeklärte Zukunft des 71-jährigen Wolfgang Schäuble; eine *Spiegel*-Reportage über den zu diesem Zeitpunkt schon über 100 Jahre alten Johannes Heesters hatte am 29.11.2010 den Titel:

```
                    Betreutes Singen
```

Auch in Magazinen, die nicht aufs Verkaufen angewiesen sind, herrscht hier und da erfreulicherweise die Gesinnung, dass man in die Überschrift Schweiß und Schmalz zu investieren habe. So konnte man im *SZ-Magazin* finden:

```
         Ostdeutschland ist schön. Für Weiße
```

3.11 Die Überschrift in der Zeitschrift

Und im selben Blatt:

```
Die Duz-Maschine
```

über den Fernseh-Sportmoderator Waldemar Hartmann, der gegen alle journalistischen Gepflogenheiten die Eigenart hat, seine Interviewpartner zu duzen. Außerdem:

```
Wie wird man Europäer?
```
```
Man kann fremde Kontinente erobern, Nachbarländer überfallen,
    Fußball erfinden, Klosterschulen besuchen, in schwedischen
        Wäldern spazieren, Le Monde lesen. Noch was?
```

Wortspiele sind demgemäß noch beliebter als in der Tageszeitung; die Grenze zwischen Witz und Albernheit, zwischen pfiffiger Verfremdung und in Kauf genommener Irreführung bleibt ähnlich schwer zu ziehen.

```
Hummer und Sichel
```

als Tina Onassis ihren sowjetischen Reeder heiratete, wird wohl den meisten Lesern gefallen haben, ebenso

```
Der Firlefranz
```

die Überschrift über ein Beckenbauer-Porträt im *Spiegel*.

Aber wie verhält es sich mit folgendem? Die *Wirtschaftswoche* berichtete über die Mickymaus als Wirtschaftsfaktor unter der Überschrift

```
Wie Micky Mäuse macht
```

und über die Inhaber der Firma Aldi unter der Schlagzeile

```
Was die Brüder verschweigen.
```

Nun sind es zwar Brüder, aber in diesem Zusammenhang klingt das Wort nicht so sehr nach Verwandtschaft als vielmehr nach „zwei saubere Brüder!", und verschwiegen hatten sie durchaus nichts Illegales, dem Lauftext zufolge. Man darf also rätseln, ob die irreführende Andeutung von der Redaktion nur in Kauf genommen wurde der schmissigen Zeile zuliebe, oder ob sie sich ins Fäustchen lachte über ihren Dreh. (Dass gerade Zeitschriften gern Politik mit scheinbar rein informativen Überschriften machen, war schon das Thema des Beitrags „Die Falschaussage".)

> **Faustregel 1**
> Die Zeitschriften-Überschrift sollte denselben Anforderungen an Klarheit und Fairness genügen wie die Zeitungs-Überschrift – und noch einer mehr: Pfiff muss sie haben.

Brücke zum Bild Wenn die Überschrift in oder neben einem beherrschenden Bild steht, muss die Zeile versuchen, für ihre Aussage eine Form zu finden, die die Brücke zum Bild schlägt. Mindestens darf sie dem Bild nicht widersprechen – und dies ist in der allernaivsten Bedeutung zu verstehen. Als die Zeitschrift *Bunte* schrieb:

```
Erfolgshunger
```

da zeigte sie mehrere abgemagerte Models. So gehört sich das, so muss es sein. Hätten die Fotos lediglich neutrale Porträts der Frauen gezeigt, so wäre das Wort „Erfolgshunger" von den Lesern nur als Floskel empfunden worden. So aber verstärkte die Zeile den Eindruck, den die Leser beim Betrachten der Bilder gewannen.

Pannen kommen vor So schrieb der *Stern* über eine Vorschau auf die hessischen Kommunalwahlen, die als Test für die Popularität Helmut Kohls angesehen wurden:

```
Geht Kohl in Frankfurt baden?
```

Dazu hätte man unbedingt erstens Kohl und zweitens Wasser oder eine Wanne sehen müssen; man sah aber die Wolkenkratzer-Silhouette von Frankfurt und sonst nichts. Der *Spiegel* zeigte zu seiner Titelzeile

```
Kapituliert die Polizei?
```

einen Polizisten, dem eine zu große Mütze über die Augen gerutscht war. Dies ist aber kein Zeichen von Kapitulation, sondern von Blindheit, Versteckspiel oder

3.11 Die Überschrift in der Zeitschrift

einer verrückten Kleiderkammer; wer kapituliert, geht in die Knie oder gibt seine Waffen ab. Da der *Spiegel* fast durchweg *symbolische* Titelbilder bringt, hätte es ihn nicht einmal viel Mühe gekostet, für seine Schlagzeile ein anderes Symbolbild herzustellen.

Wie also macht man es? Wie die *Bunte* zum Beispiel, als sie jenes trinkende Kleinkind abbildete, das zum Dalai Lama auserkoren worden war:

```
Der Gott mit der Nuckelflasche.
```

Das ist spannend, überraschend und in perfekter Harmonie zum Bild; einen Gegensatz arbeitet es dramatisch heraus, wie im Beitrag über die Wortspiele empfohlen. Gerühmt wurde dort auch die typische Zeitschriften-Technik, eine verblüffende Sinnverschiebung vorzunehmen – wie der *Stern*, als er Franz Josef Strauß als Kanzlerkandidaten in der Rückansicht zeigte, in den mächtigen Nacken fotografiert und mit der Zeile geschmückt:

```
Das Kreuz des Südens
```

Die Blitzhochzeit zwischen Bild und Text gelingt zuweilen auch dem *Spiegel*, obwohl die Fotos in ihm meist keine tragende Rolle spielen. Zu einem Foto, das Hunderte von Menschen bei einer politischen Sitzblockade zeigte, brachte er die Überschrift:

```
Vom strafbaren Gebrauch des Gesäßes
```

Und als der damalige Verteidigungsminister Rudolf Scharping sich mit seiner neuen Freundin von der *Bunten* auf Mallorca im Hotelpool fotografieren ließ, während Bundeswehr-Soldaten vor einem gefährlichen Einsatz in Mazedonien standen, griff sich der *Spiegel* das Bild, verfremdete es leicht und montierte es in einen umgedrehten Soldatenhelm – und verspottete den Minister darunter mit der Zeile:

```
Rudolf der Eroberer
```

Eigenwillige, freche und oft gelungene Bild-Überschriften-Kombinationen sind immer noch ein Markenzeichen von *P. M.*, vor allem des Hauptblatts, weniger seiner Ableger. Man sieht beispielsweise zwei Eskimos, die durch eine Schneewüste schlurfen, und liest dazu:

```
Verstehen Sie, warum dieses Volk nie ausgewandert ist?
```

Ein Artikel im *Zeit-Magazin* (27.2.2014) beschäftigte sich mit dem Leben von Flüchtlingen in einer Erstaufnahme-Einrichtung. Sie wurde in einem doppelseitigen Foto gezeigt: Container, Zaun mit Nato-Draht obendrauf, schneebedeckter Boden, kahle Bäume. Darüber ist die Zeile gelegt:

> Willkommen in Deutschland

Auch hier enthält, wie in den Beispielen aus *Stern* und *Spiegel*, die Bildansprache eine Drehung mehr: Die Überschrift beschreibt nicht das Bild selbst, sondern den Einfall, den ein Betrachter dabei haben kann.

Faustregel 2
Hat die Überschrift zugleich den Charakter einer Bild-Ansprache, so muss das Bild auch angesprochen werden – am besten um eine Ecke herum.

Henri Nannen, der große alte Blattmacher, vergab seinen privaten Preis für die schönste Überschrift an die, die Erich Kuby zu einem starken Foto eingefallen war: Es zeigte den unvergessenen, etwas tolpatschigen Bundespräsidenten Heinrich Lübke und seine Frau auf einer Indien-Reise, zufrieden vor dem Tadsch Mahal sitzend, und darunter standen die klassischen Worte:

> Überall ist Sauerland

Der *Spiegel* druckte im Februar 2001 ein Gespräch mit Boris Becker, der gerade einen öffentlich ausgetragenen Ehekrieg hinter sich hatte. Er brachte auf dem Titel ein Foto des Sportlers, und – abgesehen von der Information „SPIEGEL-Gespräch mit Boris Becker" druckte er zu diesem Bild nur ein einziges Wort:

> „Ich"

Ahnung erzeugt Spannung, und Spannung erzeugt Leser Hier ahnen die Leser, dass es in dem Gespräch nur vordergründig um Beckers Erlebnisse der letzten Wochen gehen wird, dass das tatsächliche Thema die Egomanie dieses Tennisspielers sein würde. Sie wurden nicht enttäuscht. In dem Text erzählte Becker unter anderem, wie er sich einst sehr rasch entschied, mit dem Sport aufzuhören – „für meine Frau und die anderen aus dem Team" sei das sehr überraschend gekommen. Und diese ungewöhnliche Botschaft verkaufte der *Spiegel* mit dem gewöhnlichsten aller Wörter: „Ich".

3.12 Unze Zweifel an Marotte

„Marotte" definieren die Wörterbücher als wunderliche Eigenart, närrische Angewohnheit, Schrulle, Grille, Spleen. Eine Schrulle, eine Masche zu entwickeln ist eine Versuchung, die vor der Überschrift nicht Halt macht. Es gehört zu den erfreulicheren Beobachtungen der vergangenen Jahre, dass zahlreiche Redaktionen sie aufgegeben oder zumindest reduziert haben – ob aus Einsicht, oder weil die inzwischen dort tätige Generation wenig mit den Schrullen der Vorgänger anfangen kann, sei dahingestellt.

Ein richtiger Krampf sind die Ein-bis-Zwei-Wort-Überschriften in etlichen Fernsehnachrichten und aktuellen Magazinsendungen, gesprochen, eingeblendet oder beides. Diese Marotte wird unverändert gepflegt. Die Beschränkung auf ein Schlagwort verleiht den Überschriften notgedrungen eine überaus geringe Aussagekraft, und zusätzlich schädigen sie sich durch einen spielerischen Hang zur Wortähnlichkeit:

```
Angekommen

Angespannt

Ausgeweitet
```

so liest man es in der Laufschrift vor der *Heute*-Sendung, oder vor den *Tagesthemen*:

```
Rote Linie

Vages Versprechen

Freies Spiel
```

Was soll das bedeuten? `Rote Linie`, erfährt der Fernsehzuschauer später (20.3.2014), steht für die Haltung der EU zu Russland im Krim-Konflikt, `Vages Versprechen`, da geht's um Hebammen, und `Freies Spiel` kündigt einen Beitrag über einen Jazzpianisten an.

Was ist damit gewonnen? Zwischen den Themen besteht nicht der geringste Zusammenhang, von einer Verdichtung des Inhalts zur Überschrift kann nicht die Rede sein, eine Aussage liegt nicht vor, eine Verständnishilfe oder Neugierigmachen findet nicht statt – sollte es sich um einen Zuhör-Anreiz handeln? Dies bestenfalls.

Die Überschriften im *Spiegel* Unze Zweifel, so liebt es das Magazin heute nur noch im Ausnahmefall. Darüber steht eine Dachzeile (Schweden), die nichts zum Verständnis beiträgt, sondern das Rätsel lediglich geographisch einordnet. Wovon der nachfolgende Artikel jeweils handelt, pflegt der Leser erst durch den Vorspann zu erfahren; das Mysterium in der Überschrift aber wird meistens erst irgendwo im Lauftext entschlüsselt. Ein komplettes Beispiel aus dem Jahr 2006: Dachzeile: Karrieren Hauptzeile:

```
Aschenputtel im Apfelhain
```

Vorspann:

```
Der Computer-Riese Apple hat zwei Väter: Der eine heißt Steve
   Jobs und ist heute ein milliardenschwerer Star. Doch den
   ersten Apple-Rechner erfand Steve Wozniak, der sich nun der
                     Anfänge erinnert.
```

Aber wo ist hier ein Aschenputtel in welchem Apfelhain? Immerhin, man erfährt zumindest das erste schon am Ende des zweiten von 24 Absätzen:

```
Nicht so Wozniak, der nur noch ein paar Aktien besitzt und im
   Unternehmen seit langem nichts mehr zu sagen hat. Er ist
            quasi das Aschenputtel von Apple.
```

Und wer nun lange genug darüber nachdenkt, der kommt auch noch drauf, dass Apfelhain ein Synonym für die Firma Apple sein soll. Darauf aber die Überschrift zu stützen, sät Unze Zweifel, es ist die Marotte nackt. Nun sind beim *Spiegel* Sprachmarotten, weit über die Überschrift hinaus, ein akzeptiertes Markenzeichen und damit möglicherweise ein Bestandteil des Geschäftserfolgs.

Vor allem die Bildunterschriften sind ja seit Jahr und Tag nach demselben Schema angelegt: Fett gedruckt wird, was jeder sieht, dann folgt ein Doppelpunkt, dann ein Zitat, das auf irgend eine kryptische Art mit dem Gegenstand auf dem Foto zu tun hat:

3.12 Unze Zweifel an Marotte

Säuglingsstation: „Wir müssen die Frauen verpflichten."

Das Missbehagen steigert sich, wenn andere Zeitschriften diese Masche nachzumachen versuchen; vor allem die *Wirtschaftswoche* tut das. Das Missbehagen steigert sich vor allem deshalb, weil Nachahmer in der Regel nur die Form ihrer Vorbilder zu kopieren in der Lage sind, nicht aber deren Treffsicherheit und Sprachgefühl haben. In der *Wirtschaftswoche* kommen dann in die Hauptzeile so lahme Gäule wie

Totale Öffnung

Sturm aus Fernost

Welt als Spielwiese.

Das Blatt versucht manchmal, von der Marotte loszukommen, mit der Folge allerdings, dass man dann dort Überschriften findet, die zwar nicht offenkundig langweilig, aber dafür komplett verrätselt sind:

Knirschen im Resonanzboden

Das stand nicht über dem Stück über einen Gitarrenhersteller, sondern über den Pharmakonzern Böhringer-Ingelheim. Wie das? Der Artikel vom 17.3.2014 befasste sich ganz grundsätzlich mit Schwierigkeiten des Unternehmens; noch die kleinste war ein Gemurre darüber, dass der frühere rheinland-pfälzische Ministerpräsident Kurt Beck einen Beratervertrag bekam. Der Konzern verteidigte das so: „Beck leiste keinerlei Lobbyarbeit, sondern stehe, den Gesellschafterfamilien als Sounding Board zur Verfügung', also als eine Art Resonanzboden." Die Überschrift befasste sich also nicht mit dem Kern des Artikels, sondern mit einem Nebenaspekt, und sie verfälschte den Sachverhalt: Knirschen im Resonanzboden, das wäre in dem Fall: bei Beck. Genau bei dem knirschte es aber nicht. Und leicht zu fassen war die Überschrift für den Leser auch nicht.

Oft kein Verb in der Überschrift – das ist in der *Neuen Zürcher Zeitung* eindeutig eine Marotte; denn mit eidgenössischen Sprachgewohnheiten hat das nichts zu tun.

Abdankung des Kaisers

hieß die Schlagzeile des *Berliner Lokalanzeigers* vom 9. November 1918. Aber seitdem sind ja einige Jahre ins Land gegangen, und fast alle Zeitungen würden sich heute für das normale Deutsch entscheiden, für die griffige Aussage:

```
                    Der Kaiser hat abgedankt
```

Nicht so die *Neue Zürcher Zeitung*. Mit erhabener Rücksichtslosigkeit agiert sie gegen Sitte und Sprachvernunft. Da liest man immer noch:

```
            Entflechtung bei Israels Konglomeraten
                    Stürmung des Öltankers
        Konzept-Evaluation der Bachelor-Studiengänge
    Projekt der Seeschüttung bei Flüelen vor dem Abschluss
              Koexistenz als Bedingung des Menschseins
```

Wenn aber ein Verb, dann in einem Telegrammstil und in einer Partizip-Art, die keine andere Redaktion kennt. Zum Beispiel so:

```
        Statt einer Demokratisierung ein vertieftes
                Unrechtsbewusstsein erzeugt
```

Und eine andere, nach der Entlassung des Burgtheater-Intendanten in Wien:

```
            Hartmann angriffig trotz Eingeständnis
```

Doch auch hier sind Fortschritte zuzugestehen. Bei den zitierten Beispielen handelt es sich hoffentlich nur noch um die Zuckungen altgedienter Redakteure, die vor Jahren

```
                 Ermordung Indira Gandhis
```

oder

```
         Scheitern des Staatsstreichs in der UdSSR
```

titeln durften. Sie mögen mit Grausen sehen, wozu die *NZZ* mittlerweile auch fähig ist – zu ganz normalen, handwerklich sauberen Zeilen:

```
            Linde leidet unter Währungsturbulenzen
```

Oder:

```
    Frauenmörder terrorisiert Ex-Freundin während des offenen
                            Vollzugs
```

3.12 Unze Zweifel an Marotte

Eine andere Schrulle ist immer noch im Feuilleton der *FAZ* zu besichtigen; sie tritt in fünf Varianten auf, deren jede in fast allen anderen Redaktionen auf Hohngelächter stößt.

1. Die Hauptzeile enthält nur einen Namen, erst die Unterzeile eine Aussage über ihn:

```
             Joachim Fest
     Trauerfeier der Stadt Frankfurt
```

Oder:

```
            Thomas Medicus
     Hirschmann-Preis an Zeithistoriker
```

2. Die Unterzeile teilt nur mit, um wen es sich in der Hauptzeile handelte:

```
        Benjamino Gigli gestorben
       Der berühmte italienische Tenor
```

3. Die Hauptzeile enthält zwar ein Verbum, aber kein Objekt:

```
           München preist

           Carewe leitet

        Achternbusch und andere

      Die Schumann-Philharmonie Leipzig
```

4. Zwischen den beiden Zeilen besteht überhaupt kein für Leser erkennbarer Zusammenhang:

```
            Soldatinnen
         Beethoven in China
```

5. Die Hauptzeile enthält kein Subjekt, sondern nur eine freischwebende Verb-Verbindung; wer da agiert, soll man in der Unterzeile suchen. Dem Politik-Ressort der *FAZ* gelang es 1983, diese Masche zum Urbild alles dessen zu überdehnen, was in einer Überschrift nicht sein soll:

```
                 Wollen fusionieren

            Orchester in Zwickau und Chemnitz
```
Sowie:
```
            Darf nicht reisen, wohin er will
            Wenn Beamter Geheimnisse kennt
```

Darf Überschriften machen, wie sie möchte, wenn Redaktion gefällt. Oder? Unze Zweifel.

3.13 Die griffige Überschrift

Was bleibt – nach siebzehn Beiträgen und Kapiteln voller Faustregeln, die überwiegend Warnungen sind, umrankt von Beispielen, die größtenteils abschreckend wirken sollten?

Wie sieht sie aus, die gute Überschrift?

Sie muss
- eine klare Aussage enthalten,
- die den Inhalt nicht verfälscht
- und zugleich Lese-Anreiz bietet. In den Nachrichten aus Politik und Wirtschaft sollte sie
- frei von vorsätzlicher oder fahrlässiger Kommentierung sein, und folglich auch
- frei von Ironie. Die gute, griffige Überschrift
- meidet überlange Wörter
- und eine Häufung exotischer Namen.
- Sie geht zurückhaltend mit Synonymen
- und mit dem Fragezeichen um.
- Das Imperfekt verwendet sie nur in begründeten Ausnahmen.
- Sie übt Vorsicht bei Wortspielen und Sprachbildern.
- Von Marotten hält sie sich frei.

3.13 Die griffige Überschrift

Noch mehr als für den Lauftext gilt für die Überschrift die erwähnte, königliche Stilregel des Arthur Schopenhauer: *Man brauche gewöhnliche Worte und sage ungewöhnliche Dinge.*

Wo gibt es solche Zeilen? Meist sind es vereinzelte Treffer in ganz verschiedenen Blättern. Analysieren wir einen Fall aus der *Zeit*, die in den vergangenen Jahren besonders an der Qualität ihrer Überschriften gearbeitet hat. Wo früher Binsenweisheiten standen, die einem auch die letzte Neugier auf die Artikel darunter raubten, findet man heute:

```
        Die Armee, die nicht verweigern darf

    Ob Kosovo, Kongo oder Nahost: Die Auslandseinsätze der
   Bundeswehr gehorchen weniger einer Strategie als vielmehr den
                  Zwängen von UN, USA und CNN
```

Daran ist alles gut Die Aussage der Hauptzeile ist klar und zugleich provozierend. Vier von den sechs Hauptwörtern der Hauptzeile haben nur eine Silbe, ein Wort hat zwei, ein anderes besteht aus dreien. Das Wortspiel ist gut gewählt, denn „Verweigern" ist ein Ausdruck, der zum Militär-Milieu passt. Die Unterzeile erläutert die Hauptzeile, endet aber mit einer überraschenden Aufzählung. UN, USA und CNN – wieso denn das? Das möchte man wissen. Und liest den Artikel.

Je mehr Platz zur Verfügung steht, umso besser könnten Überschriften sein – wer solches glaubt, dem sei gesagt: Muss nicht sein. Die *FAZ* präsentiert ihren Aufmacher immer noch mit zwei Hauptzeilen. Das Ergebnis ist, dass die Redaktion dies für eine Begründung hält, dort lange Wörter unterzubringen, wie am 31.3.2014:

```
        Erderwärmung gefährdet Nahrungsgrundlage
```

Kein Redakteur würde das je seiner Frau so erzählen. Demgegenüber findet man manchmal virtuose Zeilen auch über Einspaltern, und dann auch noch in der sonst eher sperrigen *Frankfurter Rundschau*. Sie kündigte in ihren Hinweismeldungen auf der Seite 1 einen Bericht im Sportteil über die Schach-WM an:

```
              Streit um Gang aufs Klo
```

23 Anschläge, fünf Wörter, alles Einsilber – und es sind die allergewöhnlichsten Wörter der Alltagssprache, die das Ungewöhnliche sagen: Wie kann es über so etwas Streit geben? Das wollen die Leser wissen.

Eine andere beispielhafte Lösung kommt von einem unvermuteten Ort, einer Programm-Ankündigung der ARD:

```
Unser Afrika wird 100
Wie Europa sich einen Kontinent besorgte
```

Gleich das erste Wort eine Provokation: Wieso „Unser"? Die Unterzeile bringt die notwendige Aufklärung. Für die Unterwerfung riesiger Länder durch die europäischen Kolonialmächte verwendet sie die Formel „sich besorgen", eine neue Provokation mit ironischem Unterton – also keine Nachrichtenüberschrift; doch handelte es sich ja um ein Magazin. Zugleich liegt hier eine schöne Umsetzung der Schopenhauerschen Regel vor: *Unser* und *sich besorgen* sind Alltagswörter, die durch eine phantasievolle Konstruktion mit Spannung aufgeladen werden. Schließlich haben beide Teile auch noch Musik, sie klingen – das Gegenteil des Stolperns im Silbentrott.

Der Wille zur herzhaften Überschrift muss vorangehen, wenn sich sprachliche Kraft entfalten soll. Manchmal scheint es an der Einsicht zu fehlen, dass die Überschrift ein Drama, eine historische Zäsur benennen könnte und sollte; und oft scheinen Redakteure Angst vor der eigenen Courage zu haben: Sie reizen das Material nur zu 80 Prozent aus – obwohl die Schlagzeile immer nach den 100 Prozent ruft und auch 110 Prozent noch nicht das Unseriöse streifen müssen.

Solch übergroße Vorsicht ist ein Markenzeichen Schweizer Blätter. Natürlich sollte eine Redaktion nicht von einem *Mord* sprechen, solange nur eine Bluttat vorliegt, die vom Gericht später ganz anders qualifiziert werden könnte; der Beitrag über die fahrlässige Kommentierung handelte davon. Doch die Zeile

```
Tötungsdelikt in Thun
```

in der *Neuen Zürcher Zeitung* ist von einer juristischen Korrektheit, die an der Überschrift eine Art Tötungsdelikt begeht; zu einer „Bluttat" hätte es reichen sollen. Wenn das eidgenössische Hotelgewerbe zwar Zuversicht äußert, vermutlich um keine Missstimmung bei künftigen Gästen auszulösen, aber zugleich Sorgen, wahrscheinlich, damit die Regierung nicht auf die Idee kommt, die Steuervergünstigungen zu kürzen – so führt es etwas auf, was sich hochdeutsch als Eiertanz bezeichnen ließe. Das wäre ein Kommentar. Doch die Nachricht sollte den Eiertanz wenigstens nicht nachvollziehen – wie sie es tut, wenn sie so überschrieben wird:

```
Sorgenvolle Zuversicht der Bündner Hoteliers
```

3.13 Die griffige Überschrift

Die Euphemismen und sprachlichen Verwischungen von Behörden und Interessenverbänden zu zertrümmern und in klares Deutsch zu übersetzen, dazu sind Journalisten da, in der „Freisetzung von Arbeitskräften" also die `Massenentlassung` zu erkennen und in der „Militärintervention" den Einmarsch.

Oft geschieht das, zuweilen sogar in Wirtschaftsblättern. So berichtete das *Handelsblatt* über die Zusammenarbeit internationaler Konzerne, die von ihnen gern als „strategische Allianz" bezeichnet wird, und wählte dafür die Überschrift:

```
Die strategischen Allianzen können bisweilen ganz ordinäre
                      Kartelle sein
```

Wie es eine Tugend ist, Klarheit in den Wirrwarr der Begriffe zu bringen, von denen das öffentliche Leben widerhallt – so ziert es den Journalisten, wenn er die schlichteste, die direkteste mögliche Aussage überall zu entdecken versucht, auch dort, wo niemand tarnen will.

Nichts verstecken Über den Abschluss der Verträge von Maastricht schrieb die *Süddeutsche Zeitung* 1991:

```
Vertrag über Wirtschaftsunion in Grundzügen fertig
Europäische Währung wird spätestens 1999 eingeführt
```

Die erste Zeile regt niemanden auf – darüber glaubt man schon vielerlei gelesen zu haben. Die zweite Zeile enthält eine Sensation, aber sie tut das Mögliche, um sie zu verstecken. Eine „europäische Währung" wird eingeführt? Das heißt doch:

```
Die Mark wird abgeschafft
```

So lautete die Schlagzeile der *Bild*-Zeitung.

War das unseriös? Aus damaliger Sicht: ein bisschen; denn die Redaktion unterstellte, dass ein Beschluss von 1991 acht Jahre später mit Sicherheit verwirklicht wird, und dies zwischen zwölf vielfältig zerstrittenen Nationen. Nur: Diese Ungenauigkeit ist in der zweiten Zeile der *Süddeutschen* ebenso enthalten („... wird eingeführt"). In der Inkaufnahme einer Unsicherheit oder einer Übertreibung also waren die beiden Blätter gleich; aber indem *Bild* das herausstellte, was deutschen Lesern als das eigentliche Drama erscheinen musste, und indem sie das Herz hatte, das Drama in einen knappen Satz zu raffen, war *Bild* zwei Klassen besser.

Das Drama entdecken Die Angst vor der plakativen Aussage kann natürlich erst zum Zuge kommen, wenn die Redaktion in ihrem Aufmacher das Drama überhaupt entdeckt hat. Anders ausgedrückt: Merke ich gar nicht, dass die Welt untergeht, so kann man von mir auch keine schmissige Überschrift zum Weltuntergang erwarten. Da war jener 30. August 1991, an dem Boris Jelzin und der ukrainische Parlamentspräsident Krawtschuk einen Bündnisvertrag zwischen Russland und der Ukraine unterschrieben, den beiden größten und reichsten Republiken der Sowjetunion.

```
       Russland und die Ukraine rücken enger zusammen
```

hieß es im *Tagesspiegel*, und noch matter in der *Berliner Zeitung* (auf Seite 2!):

```
            Kiew legt Streit mit Jelzin bei
```

Beides richtig; jedoch in dem Sinne, wie es auch nicht falsch gewesen wäre, hätte man für den Ausbruch des Zweiten Weltkriegs die Überschrift „Schießereien in Polen" gewählt. Andere Blätter erkannten die Zäsur, verpackten sie jedoch in ihre üblichen umständlichen Zeilen – die *FAZ*:

```
       Russland und die Ukraine verabreden „Provisorische
                 zwischenstaatliche Strukturen"
```

Deutlicher schon die *Süddeutsche Zeitung*:

```
       UdSSR auf dem Weg zum Bund ohne starke Zentrale

       Russland und die Ukraine schließen sich zusammen
```

Treffender und dramatischer formulierte die *Frankfurter Rundschau*, was hier geschehen war; Hauptzeile:

```
            Russland und Ukraine bilden Staatenbund
```

Unterzeile:

```
              Zentralmacht an den Rand gedrängt
```

Am drastischsten die *taz*:

```
       Jelzin und Co. organisieren das Ende der UdSSR
```

3.13 Die griffige Überschrift

Merken, worauf es eigentlich ankommt – in dieser Journalistentugend übte sich die *Welt* im November 1973 in ungewöhnlicher Form. Sonntagsfahrverbot, Geschwindigkeitsbeschränkungen, explodierende Benzin- und Heizölpreise: Das waren die Hiobsnachrichten eines einzigen Tages während der großen Ölkrise nach dem Yom-Kippur-Krieg. Die *Welt* machte daraus die Schlagzeile

```
Langsamer, kälter, teurer
```

Ein anderes unübliches Mittel wählte 1991 die *FAZ*. Um das Tempo der Veränderungen in der Sowjetunion und zugleich deren Unzuverlässigkeit zu charakterisieren, arbeitete sie in ihren zwei Hauptzeilen mit je einer *Parenthese*:

```
In der Sowjetunion wird - fast - alles anders

Nur Gorbatschows Amt - vorerst - nicht betroffen
```

Zwei Wörter, die sonst als Schlagzeilen-Killer wirken würden, tragen hier die Spannung in die Aussage.

> **Faustregel**
> Erkenne das Drama – und habe das Herz, es zu benennen.

Nun haben es die Redaktionen mit Dramen überwiegend gerade nicht zu tun. Welche anderen Mittel stehen zur Verfügung, wenn man die griffige, die herzhafte Überschrift sucht?

Ein Appell ans Auge, ans Ohr oder ans Gemüt ist immer erstrebenswert; nicht immer möglich, jedoch häufiger, als es der Routine in den meisten Redaktionen entspricht. Oft bedient sich ein solcher Appell der Stilfigur des *pars pro toto*, der Einzelheit, die aus einer abstrakten Gesamtheit kühn herausgegriffen wird. Die Zeitschrift *Geo kompakt* verkaufte im Jahr 2006 ihre Ausgabe über die Urzeit, indem sie die Tiere von damals mit Begriffen von heute belegte:

```
Dinosaurier, Panzertiere, Terrorvögel
```

Als nach der Beendigung der Berliner Blockade die ersten Lastwagen aus dem Westen eintrafen, druckte die *Neue Zeitung* (von der amerikanischen Militärregierung für deutsche Leser herausgegeben) die Schlagzeile:

```
               Berlin hat wieder frisches Gemüse
```

Die *Berliner Zeitung* schrieb über ein Bündel von Plänen für Steuer-Erhöhungen:

```
         Berlin prüft Steuer auf Kampfhunde und Pappteller
```

Nicht nur im Lokalteil oder im Vermischten kann der Appell an Auge und Ohr stattfinden, sondern durchaus auch im Nachrichtenteil der Zeitung. So berichtete die Wiener *Presse*:

```
     Stürmische Wiener Neuwahl-Debatte Gelächter und Schreiduelle
                              im Rathaus
```

Als 1992 vor dem Kreml ein paar tausend Menschen noch einmal für die untergegangene Sowjetunion demonstrierten, viele mit Lichtern in der Hand, wählte die *Neue Zürcher Zeitung* eine Überschrift, für die man ihr manche Marotte nachsehen könnte:

```
            Anrufung der verstorbenen UdSSR bei Kerzenlicht
```

Für *Reportagen* bietet sich die Überschrift, die uns etwas zu sehen, hören, riechen gibt, besonders an. Den Berliner Mariannenplatz stellte die *taz* unter der Zeile vor:

```
                Wo Fontane die Flinten knattern hörte
```

Schließlich passt auch Witz in die Überschrift, zumal bei Reportagen und Korrespondentenberichten sowie im Vermischten und im Feuilleton. Die *Süddeutsche Zeitung* überschrieb eine Reportage über den Rücktritt des niedersächsischen Ministerpräsidenten Gerhard Glogowski, der in seiner Heimatstadt Braunschweig alle Honoratioren gut kannte und sich manchmal von ihnen aushalten ließ, auf Seite 3 mit vier Wörtern, vor deren schlichter Kraft sie auf Seite 1 im Aufmacher eher zurückschrecken würde:

```
                         Per Du und Perdu
```

Als die *Welt* sich in ihrem Feuilleton an einer Debatte über Tierrechte beteiligte, schrieb sie als Titelzeile:

```
           Eene Meene Muh, und tot bist du (1.2.2014)
```

3.13 Die griffige Überschrift

Den fremdartigen Eindruck, den ein DDR-Politiker in den USA machte, gab sie mit den Worten wieder:

```
Rendezvous mit einem Außerirdischen
Wie Hermann Axen die Amerikaner in Schlaf versetzt
```

Die *Süddeutsche Zeitung* berichtete über neue Achterbahnen:

```
Das organisierte Erbrechen
```

Die tausendfältig abgedruckte und halb zu Tode geschundene Floskel „oben ohne" verbannte die *Süddeutsche* in die Unterzeile, während sie für die Hauptzeile den schönen und unverbrauchten Einfall hatte:

```
Richter halbieren den Bikini

Baden „oben ohne" in Italien jetzt erlaubt
```

Auch Ironie ist natürlich im Panorama zugelassen:

```
Tee nimmt der Hochzeitsnacht den Schrecken
```

wusste die *Süddeutsche* zu berichten. Frechheit macht sich nicht nur in diesem Ressort, sondern auch auf den Meinungsseiten gut, Farbigkeit ist überall erwünscht.

```
Passau, wie es singt und lacht
```

stand am 6.3.2014 auf Seite 4 der Zeitung über einem Kommentar, der die Reden vom Politischen Aschermittwoch nicht so ernst nahm, wie sie immer gehalten werden. Doch selbst zwei ganz schlichte Zeilen, die auf die meisten der vorgenannten Rezepte verzichten, können Pfiff haben und zum Weiterlesen einladen, wenn sie nur die beiden *Kardinalregeln* befolgen:

- das Ungewöhnliche mit gewöhnlichen Worten zu sagen
- und dabei zu merken, worauf es ankommt

– wie in diesem Fall das an Marotten reiche Feuilleton der *FAZ*:

```
Ende Dreißig in Pension

Millionen Italiener träumen vom Öffentlichen Dienst
```

Nochmal ein paar wichtige Regeln

1. Vermeiden Sie noch dringender als im Lauftext jeden Tipp- und Grammatikfehler.
2. Benutzen Sie den Telegrammstil so oft wie nötig, aber so selten wie möglich.
3. Lassen Sie den Doppelpunkt nur etwas ankündigen, nie aber zwei Sachverhalte zusammenzurren.
4. Schreiben Sie grundsätzlich im Präsens oder im Perfekt.
5. Gehen Sie sparsam mit Fragezeichen um.
6. Seien Sie vorsichtig bei Wortspielen und Metaphern. Ein entgangener Witz ist nicht so schlimm wie eine gedruckte Entgleisung.
7. Bedenken Sie: Viele Wortspiele sind entweder schief oder abgenutzt oder beides.
8. Vermeiden Sie exotische Wörter, die Ihre Leser nicht kennen.
9. Denken Sie daran: Je weniger Silben ein Wort hat, umso geeigneter ist es.
10. Beachten Sie all diese Regeln – auch deshalb, damit Sie wissen, wann Sie dagegen verstoßen dürfen.

Der Presserat und die Überschrift 4

Wer mit seinen Überschriften vorm Presserat landet, hat entweder aus Vorsatz gehandelt – oder er hat Mängel bei Auffassungsgabe oder Ausdrucksvermögen gezeigt. Das Risiko, beim Presserat zu landen, ist in den vergangenen Jahren deutlich gestiegen. Die Leute lassen den Medien immer weniger durchgehen.

4.1 Legitime und illegitime Zuspitzungen

Wo immer wir in diesem Buch Beispiele für schlechte Überschriften gezeigt haben, hatten sie eine der beiden folgenden Ursachen:

- schlechtes Handwerk
- oder Vorsatz.

Seit 1955 gibt es den Deutschen Presserat; als Selbstkontrollorgan der deutschen Presse wacht er über die Einhaltung der publizistischen Grundsätze, wie sie im *Pressekodex* festgelegt sind (am Ende dieses Kapitels). Ein wesentlicher Teil der Arbeit des Presserats ist die Prüfung von Beschwerden; und wo immer die Beschwerde-Ausschüsse einen Verstoß gegen den Pressekodex feststellen und einen Hinweis, eine Missbilligung oder eine Rüge aussprechen, so sind auch dort die Gründe entweder Handwerksfehler oder Vorsatz.

Zunehmend auch mit Klagen gegen Überschriften befassen sich die Beschwerde-Ausschüsse, wenn auch die Klagen über Lauftexte weit in der Überzahl sind. Zwischen 1986 und 2000 hat der Presserat insgesamt 19-mal über Überschriften beraten, aber bereits 35-mal in der Zeit zwischen 2000 und 2005. 54 Fälle aus 20 Jahren meldeten wir also in der vierten Auflage dieses Buches, die 2007 erschien.

Schon in der ersten Hälfte der Nullerjahre zeichnete sich damit eine Zunahme der Fälle ab, und dieser Trend hat sich seitdem nicht nur bestätigt, sondern verstärkt: 113-mal musste sich der Presserat von 2006 bis 2013 mit Überschriften beschäftigen. Dazu passt, dass auch die Zahl der Beschwerden insgesamt deutlich zugenommen hat: Im Jahr 2000 verzeichnete der Presserat noch 534 Eingaben, fünf Jahre darauf waren es 746 und im Jahr 2013 schon 1347. In vier von fünf Fällen beschwerten sich übrigens Privatpersonen, nur der Rest entfiel auf Vereine, Parteien oder Firmen. Der Beschwerdeausschuss des Presserats hat die Möglichkeit, eine Beschwerde entweder zu verwerfen oder drei Formen von Sanktionen auszusprechen: Hinweis, Missbilligung und öffentliche Rüge. Die Medien, die sich dem Presserat unterwerfen, haben sich verpflichtet, diese Rüge im jeweils eigenen Medium zu veröffentlichen.

Der Grund für die Zunahme der Beschwerden ist weniger, dass die Medien inzwischen schlampiger arbeiten würden als früher. Zwei andere Gründe sind wichtiger: Erstens hat die Zahl und Verbreitung der Medien in den Nullerjahren deutlich zugenommen: Etwa die Hälfte aller Beschwerden richten sich mittlerweile gegen Online-Publikationen. Zweitens lassen die Leute der sogenannten Vierten Gewalt inzwischen immer weniger durchgehen; sie gehen immer öfter gegen Texte vor, die tatsächlich oder auch nur vermeintlich unfair sind. Also kann es nicht verwundern, dass sie auch auf Überschriften nun stärker schauen – auf jene Wörter also, die schon durch den Schriftgrad und die Platzierung ein Medium prägen. Wie bei den Beschwerden insgesamt, so konzentrieren sich auch die Beschwerden über Überschriften auf fünf der 16 Ziffern des Pressekodex:

Übersicht

Ziffer 2: Journalistische Sorgfaltspflicht
Ziffer 8: Schutz der Privatsphäre
Ziffer 11: Sensationsberichterstattung, Jugendschutz
Ziffer 12: Diskriminierungsverbot
Ziffer 13: Verbot der Vorverurteilung

Es gehört zum Wesen der journalistischen Arbeit, dass sie zuspitzt, und nirgendwo wird so zugespitzt wie in Überschriften. Jene fünf obengenannten Ziffern vor allem sind es, die verhindern sollen, dass Zuspitzungen zu Stigmatisierungen führen. Die absolut meisten Beschwerden (436) im Jahr 2012 richteten sich übrigens

4.1 Legitime und illegitime Zuspitzungen

gegen Lokalzeitungen, die relativ meisten Beschwerden (198) – gemessen also an der Zahl der Blätter auf dem Markt – hatten Artikel aus der Boulevardpresse zum Gegenstand.

Legitime Zuspitzungen Vor dem Presserat scheitern Beschwerden immer dann, wenn sie sich im Grunde nicht gegen die Schlagzeile, sondern gegen den Sachverhalt richten, der ihr zugrunde liegt.

```
Wird sie geköpft?
```

fragte im Jahr 2005 die *Bild*-Zeitung während der Entführung der deutschen Archäologin Susanne Osthoff im Irak. Etwa 30 Leser beschwerten sich beim Presserat, mit der Begründung, diese Zeile sei unangemessen sensationell, also ein Verstoß gegen Ziffer 11. Und drei Jahre zuvor hatte sich das Gremium mit zwei Beschwerden zu der *Bild*-Schlagzeile

```
Kinder fielen tot vom Himmel
```

befasst, nachdem über dem Bodensee zwei Flugzeuge zusammengestoßen waren. In beiden Fällen wurden die Beschwerden verworfen – in den angegriffenen Schlagzeilen hatte die Redaktion nichts anderes getan, als mit gewöhnlichen Wörtern die ungewöhnlichen Dinge gesagt, die hier tatsächlich zu befürchten beziehungsweise bereits passiert waren: Im Irak war es zuvor immer wieder vorgekommen, dass Geiseln aus dem Westen enthauptet wurden. Und bei dem Flugzeugunglück waren 52 russische Kinder ums Leben gekommen. Sie fielen in der Tat tot vom Himmel; so war es, und nicht anders.

Unredliche Zuspitzungen durch Handwerksmängel Hier hat es der Presserat im Laufe der Jahre mit zwei Varianten zu tun gehabt:

- dem Mangel an *Ausdrucksvermögen*
- dem Mangel an *Auffassungsgabe*.

```
Die Panscher von der Pfalz
```

betitelte eine Sonntagszeitung im Jahr 1998 ihren Bericht über Winzer. (Der Presserat berichtete früher über die von ihm behandelten Fälle jeweils, ohne die inkriminierte Zeitung zu nennen; von Ausnahmen abgesehen. Daher können mehrere

Fälle hier überwiegend nur anonymisiert wiedergegeben werden.) Die Zeile erweckte den Eindruck, als werde in der Pfalz flächendeckend gepanscht. Der Text bezog sich aber nur auf drei Winzer – und die waren nicht aus der Pfalz, sondern aus Rheinhessen. Man ahnt ja, wie die Zeile zustande gekommen ist: Der Überschriftenmacher konnte sich jenem Wortspiel nicht entziehen, das Redaktionen immer wieder anzieht, seit vor Jahrzehnten in der Fastnachtssitzung „Mainz bleibt Mainz" ein Duo mit dem Lied „Die Tramps von der Pfalz" vorübergehend berühmt wurde. Und wieder einmal bestätigte sich die Regel, dass Wortspiele oft entweder schief oder abgenutzt oder falsch sind, oder alles zusammen – wie hier. Die Sucht nach dem Wortspiel (oder die Flucht dorthinein, in der Annahme, damit eine gut lesbare Zeile zu bekommen) führte zu einem Verstoß gegen die journalistische Sorgfaltspflicht. Immerhin, die Redaktion kam beim Presserat mit einem „Hinweis", der mildesten Sanktion, davon.

Merke also erneut Ein entgangener Witz wiegt nicht so schwer wie eine gedruckte Entgleisung.

Mangel an Ausdrucksvermögen wollen wir auch unterstellen, wenn Zeitungen gegen Ziffer 12 des Pressekodex, das Diskriminierungsverbot, verstoßen. Von rechtsradikalen Blättern abgesehen, achten gerade Zeitungen in Deutschland sehr darauf, niemanden wegen seiner Zugehörigkeit zum Beispiel zu einer Rasse, Religion oder Volksgruppe zu schmähen. Wenn es doch passiert, ist ihnen in der Regel kein vorsätzlicher, sondern ein fahrlässiger Kommentar unterlaufen, also jener Kommentar, der dem Verfasser gar nicht bewusst ist.

```
              Wieder Landfahrerinnen
```

schrieb 1998 eine Lokalzeitung in der Überschrift,

```
           Türken hielten sich Sex-Sklavin
```

war im Jahr 2000 in einem anderen Blatt zu lesen.

Im ersten Fall betraten drei „Landfahrerinnen" unbemerkt ein Haus und durchsuchten es nach Brauchbarem. An der Bezeichnung kam die Zeitung wohl nicht vorbei, wollte sie einerseits das Wort „Zigeunerinnen" vermeiden, andererseits aber die drei von der Polizei gesuchten Frauen so charakterisieren, dass die Aufmerksamkeit der um Mithilfe ersuchten Leser in die richtige Richtung gelenkt würde. Der Presserat stieß sich an dem vorangestellten Wort „Wieder". Denn damit hob die Zeitung diesen Kriminalfall vom Konkreten ins Generelle, damit gab sie dem Vorurteil Raum, dass man besser sein Haus verrammelt, sobald mal wieder „Landfahrerinnen" in der Gegend gesichtet werden.

Im Fall der Türken war die Sache anders Dort war bereits die Zugehörigkeit zu der Volksgruppe kein charakterisierendes Detail. Dass Männer sich Sex-Sklavinnen halten, das kommt leider immer wieder vor – unter Deutschen, Schweden, Holländern, Ägyptern, Japanern, Monegassen, Chilenen und, jawohl, auch Türken. Dass es sich im konkreten, aktuellen Fall um Türken handelte, tat hier aber nichts zur Sache – denn berichtet wurde nicht über einen Fahndungsaufruf der Polizei, sondern über ein Urteil des Landgerichts. Der Redakteur (oder die Redakteurin) wollte die Überschrift wohl so anschaulich wie möglich machen, hatte im Volontariat vielleicht einmal gehört, dass man immer so konkret formulieren soll, wie es nur geht – aber dann die Regel nicht mitbekommen, dass jedes Detail auch einen die Sache charakterisierenden Zweck erfüllen muss. „Türken hielten sich Sex-Sklavin", so etwas schreiben wahrscheinlich dieselben, die nach dem Verfassen einer Reportage feststellen, dass noch die szenischen, die beobachtenden Elemente fehlen. Und dann streuen sie Satzteile ein wie: „... sagt Meyer und nippt an seinem Kaffee."

Ein besonderer Fall sind Interviews Hier hat *die Süddeutsche Zeitung* im Jahr 2012 erfahren müssen, dass der Presserat Wert auf penibles Zitieren legt. Die Zeitung hatte mehrmals Interviews mit Zitaten getitelt, die sich dann so nicht im Text darunter wiederfanden.

```
             Wir sind bekannt, aber arm
```

stand damals am 4. Mai über dem Interview mit dem Chef der Augsburger Puppenkiste. Im Text aber sagte der Interviewte nur:

```
Wir sind zwar eines der bekanntesten Theater in Deutschland,
aber beileibe nicht reich. Im Grunde sind auch wir ein armes
                     Königreich.
```

Über dem Interview mit einem Geheimdienstler, der schon mehrere Geiseln frei bekommen hatte, stand am 11. Mai:

```
     Es hat sich noch nie einer bedankt. Kein Einziger
```

Im Text sagte der Mann:

Aber ich habe noch nie erlebt, dass einer der Befreiten zu
mir gekommen ist und sich bedankt hat. Noch nie.

Besonders freihändig formulierte die Zeitung am 1. Juni. Ein Ökonom wurde in der Hauptzeile so zitiert:

Wir haben zu viele Cowboys in den Banken sitzen

Gesagt hatte er:

In der Risiko-Typologie von Menschen kennen wir neben der
Maus und dem Bürokraten auch den Cowboy ... Wenn ein Firma
vor allem Cowboys anzieht, fährt sie irgendwann gegen die
Wand.

Für all dies gab es zwar keine Rüge und auch keine Missbilligung; es wurde schließlich niemand geschädigt – einen Hinweis, die mildeste Form des Tadels, jedoch schon. Die Chefredaktion der *SZ* ordnete daraufhin an, dass Zitate in der Überschrift buchstabengenau dem Text entnommen sein müssen.

Mangel an Auffassungsgabe hingegen offenbarte eine Boulevardzeitung, die im Jahr 2004 unter der Überschrift

St. Martin reitet nicht für Behinderte

über den Volksbrauch in einem rheinländischen Dorf berichtete. So war es aber nicht: Erstens gab es in dem Dorf an zwei aufeinanderfolgenden Tagen zwei vom Ablauf her identische Martinszüge – einen für alle Schüler der Gemeinde, und einen für die Schüler der Geistigbehinderten-Schule. Zweitens waren die behinderten Schüler auch ausdrücklich zu dem allgemeinen Umzug eingeladen. Möglicherweise plagte die Autorin des Artikels ein Unbehagen über die faktische Trennung von Nichtbehinderten und Behinderten, die eine solche Organisation zur Folge haben kann. Aber Trennung ist etwas anderes als Ausschluss, und der wurde mit der Überschrift suggeriert. Auch hier stellte der Presserat einen Verstoß gegen die journalistische Sorgfaltspflicht fest und sprach eine Missbilligung aus.

Unredliche Zuspitzungen durch Vorsatz Wir haben die Beispiele über Handwerksmängel auch in dieser Auflage gelassen, obwohl die meisten von ihnen mittlerweile recht alt sind – und zudem diese Fälle seltener geworden zu sein scheinen. Hier hat die Branche womöglich an Professionalität gewonnen. Aber die Mahnung, die die alten Fälle liefern, kann auf keinen Fall schaden. Vom Vorsatz hingegen mögen viele Redaktionen nicht lassen. Hiervon kann zum Beispiel immer dann die Rede sein, wenn eine Redaktion über einen in sich stimmigen und unmissverständlichen Text eine Überschrift setzt, die ebenso unmissverständlich vom geschilderten Sachverhalt abweicht. Dies macht eine Redaktion gern dann, wenn sie dem Text-Material für sich genommen noch nicht zutraut, Leser zu gewinnen. Dann geht sie hin und motzt in der Überschrift das Material auf. In einem Fall aus dem Jahr 1990 wurde das hinterher sogar offen zugegeben:

```
Pfuschte der Chirurg des Fürsten?
```

fragte damals eine Boulevardzeitung, die über einen Arzt berichtete, dem ein Patient nach einer Transplantation gestorben war – bei diesem Patienten handelte es sich aber keineswegs um den in Deutschland bekannten Fürsten; darüber hinaus gab es deutliche Anzeichen dafür, dass der Tod des Patienten Schicksal war und der Vorwurf des Pfuschs ins Leere gehen würde. Warum wohl bediente sich das Blatt des Fürsten, der mit diesem Fall nichts zu tun hatte, sondern nur ein anderer Patient desselben Arztes gewesen war? Schlagzeilen in einer Boulevardzeitung müssten und sollten die Aufmerksamkeit des Käufers erregen – so rechtfertigte sich allen Ernstes die Redaktion. Als ob für Boulevardblätter geringere Sorgfaltspflichten gelten würden als für andere Medien.

Vorsatz wegen Effekthascherei Es titelte die *Bild*-Zeitung am 12. März 2009 in ihrer Berichterstattung über den Amoklauf von Winnenden:

```
Seid ihr immer noch nicht alle tot?
```

Darunter zeigte sie eine Fotomontage mit dem Gesicht des Amokschützen sowie vier Schüler einer Nachbarschule (!), die das Geschehen aus der Ferne beobachteten. Es gab dafür eine öffentliche Rüge, die schärfste Form der Sanktion: weil der Täter praktisch in Heldenpose gezeigt worden sei, weil die vier Schüler für jedermann erkennbar waren – „unangemessen sensationell", fand der Presserat.

```
Halleluja im Vatikan - die undichte Stelle ist gefunden!
```

Dies wiederum fand die *Titanic* in ihrer Juli-Ausgabe 2012 witzig, um einen Beitrag zur Vatileaks-Affäre zu illustrieren. Dazu zeigte sie eine Fotomontage von Papst Benedikt mit vollgepinkelter Soutane. Die Zeile und die Montage hatten keinerlei Erkenntniswert, auch spitzte sie nicht – wie in einer Karikatur – einen Sachverhalt satirisch zu. Es ging wohl nur darum, Benedikt herabzuwürdigen. Auch hier erteilte der Presserat eine öffentliche Rüge. (Die Titelzeile „So schlimm erwischte es Schumi" vom Januar 2014, versehen mit einem Porträt von Niki Lauda, ließ er hingegen passieren – weil die Titanic hier eine kritische Auseinandersetzung mit dem Medienrummel betrieben und ein normales Porträtfoto von Lauda gewählt habe.)

Und auch die *taz* wusste am 15. März, nach der Wahl des Argentiniers José Maria Bergoglio zum Nachfolger des deutschen Papstes genau, was sie tat:

```
Junta-Kumpel löst Hitlerjunge ab
```

Sie rückte damit beide Päpste in die Nähe von Verbrechern, in beiden Fällen gab es aber dafür in der Realität keine Anhaltspunkte. Die Zeile verriet wenig über Franziskus und Benedikt, viel aber über die Vorurteile und Klischees in der taz-Redaktion. Auch in diesem Fall gab es eine Rüge.

Die Vorverurteilung ist eine besondere Form der vorsätzlichen, unredlichen Zuspitzung. Eigentlich sollte es Basiswissen sein: dass ein Beschuldigter so lange als unschuldig zu gelten hat, bis er von einem Gericht rechtskräftig verurteilt worden ist. Aber Konjunktiv liest sich nun mal nicht so schön. Außerdem benötigt er mehr Platz als der Indikativ. Und so steht dann am 18.2.2013 in *merkur-online.de*:

```
Tankstellen-Räuber (19) sitzt in Haft
```

Hier wurde ein Verdächtiger als Täter hingestellt, er wurde zwar nicht mit seinem Namen genannt, aber die Kombination aus seinem Alter und seinem Wohnort, einer Kleinstadt in der Gegend, machte ihn dort für jedermann identifizierbar. Der Presserat stellte einen Verstoß gegen Ziffer 13 des Kodexes, das Vorverurteilungsverbot, fest und gab der Redaktion einen „Hinweis", die mildeste Form des Tadels also.

Dass in der Überschrift gegen Regeln verstoßen wurde, muss nicht bedeuten, dass die Redaktion das dann auch im Lauftext tut:

```
soll ... begrapscht haben
```

hieß es korrekt über einen Hausmeister, der in der Überschrift wie ein verurteilter Täter behandelt wurde.

```
Der Hausmeister, der ein Sex-Gangster ist
```

Im Jahr 2003 schrieb die Bundesausgabe der Bild-Zeitung:

```
Hier heult der Vater, der seine Söhne ertränkte.
```

Die Frankfurter Regionalausgabe der *Bild*-Zeitung hingegen brachte jene presserechtlich unbedenkliche Überschrift, die der Bundesausgabe vermutlich zu lasch war:

```
Zwei tote Kinder im Main
Hat der weinende Vater sie ertränkt?
```

hieß es dort. Es handelte sich dabei um die wohl zulässige Ausnahme von der Regel, auf Fragezeichen in der Überschrift zu verzichten. Es gab an dem Tag eine Reihe von Indizien, die auf den Vater als Täter hindeuteten, die ganze Stadt sprach darüber. Verdachtsberichterstattung war also legitim – Tatsachenbehauptung nicht.

Eine Berichterstattung auch unter Fragezeichen oder im Konjunktiv dürfte für die Betroffenen verheerend sein; das ist ein Umstand, dessen sich eine Redaktion immer bewusst sein sollte: Was für sie eine Routine-Geschichte ist, hat für die Betroffenen meistens lebensverändernde Wirkung. Denn Leser unterscheiden in der Regel nicht zwischen Konjunktiv und Indikativ, wenn sie anschließend über mutmaßliche Mörder, Sex-Gangster und Kannibalen herziehen. Wer Konjunktiv und Fragezeichen benutzt, sollte seiner Sache schon sehr sicher sein. Wenn man mit einer Geschichte nicht vor dem Presserat gelandet ist, heißt dies noch lange nicht, dass man keine Verheerungen angerichtet hat.

4.2 Der Pressekodex

Verleger und Journalisten haben im Jahr 1973 durch ihre Verbände Publizistischen Grundsätzen zugestimmt, die der *Deutsche Presserat* vorgelegt hatte. (www.presserat.de) Der Pressekodex wurde seither mehrfach bearbeitet. Er wird konkretisiert durch die stärker praxisorientierten umfangreicheren „Richtlinien für die publizistische Arbeit nach den Empfehlungen des Deutschen Presserats". Die nachfolgend (ohne Präambel) abgedruckte Fassung gilt seit Januar 2007.

Ziffer 1: Wahrhaftigkeit und Achtung der Menschenwürde
Die Achtung vor der Wahrheit, die Wahrung der Menschenwürde und die wahrhaftige Unterrichtung der Öffentlichkeit sind oberste Gebote der Presse. Jede in der Presse tätige Person wahrt auf dieser Grundlage das Ansehen und die Glaubwürdigkeit der Medien.

Ziffer 2: Sorgfalt
Recherche ist unverzichtbares Instrument journalistischer Sorgfalt. Zur Veröffentlichung bestimmte Informationen in Wort, Bild und Grafik sind mit der nach den Umständen gebotenen Sorgfalt auf ihren Wahrheitsgehalt zu prüfen und wahrheitsgetreu wiederzugeben. Ihr Sinn darf durch Bearbeitung, Überschrift oder Bildbeschriftung weder entstellt noch verfälscht werden. Unbestätigte Meldungen, Gerüchte und Vermutungen sind als solche erkennbar zu machen. Symbolfotos müssen als solche kenntlich sein oder erkennbar gemacht werden.

Ziffer 3: Richtigstellung
Veröffentlichte Nachrichten oder Behauptungen, insbesondere personenbezogener Art, die sich nachträglich als falsch erweisen, hat das Publikationsorgan, das sie gebracht hat, unverzüglich von sich aus in angemessener Weise richtig zu stellen.

Ziffer 4: Grenzen der Recherche
Bei der Beschaffung von personenbezogenen Daten, Nachrichten, Informationsmaterial und Bildern dürfen keine unlauteren Methoden angewandt werden.

Ziffer 5: Berufsgeheimnis
Die Presse wahrt das Berufsgeheimnis, macht vom Zeugnisverweigerungsrecht Gebrauch und gibt Informanten ohne deren ausdrückliche Zustimmung nicht preis. Die vereinbarte Vertraulichkeit ist grundsätzlich zu wahren.

Ziffer 6: Trennung von Tätigkeiten
Journalisten und Verleger üben keine Tätigkeiten aus, die die Glaubwürdigkeit der Presse in Frage stellen könnten.

Ziffer 7: Trennung von Werbung und Redaktion
Die Verantwortung der Presse gegenüber der Öffentlichkeit gebietet, dass redaktionelle Veröffentlichungen nicht durch private oder geschäftliche Interessen Dritter oder durch persönliche wirtschaftliche Interessen der Journalistinnen und Journalisten beeinflusst werden. Verleger und Redakteure wehren derartige Versuche ab

und achten auf eine klare Trennung zwischen redaktionellem Text und Veröffentlichungen zu werblichen Zwecken. Bei Veröffentlichungen, die ein Eigeninteresse des Verlages betreffen, muss dieses erkennbar sein.

Ziffer 8: Persönlichkeitsrechte
Die Presse achtet das Privatleben und die Intimsphäre des Menschen. Berührt jedoch das private Verhalten öffentliche Interessen, so kann es im Einzelfall in der Presse erörtert werden. Dabei ist zu prüfen, ob durch eine Veröffentlichung Persönlichkeitsrechte Unbeteiligter verletzt werden. Die Presse achtet das Recht auf informationelle Selbstbestimmung und gewährleistet den *redaktionellen Datenschutz*.

Ziffer 9: Schutz der Ehre
Es widerspricht journalistischer Ethik, mit unangemessenen Darstellungen in Wort und Bild Menschen in ihrer Ehre zu verletzen.

Ziffer 10: Religion, Weltanschauung, Sitte
Die Presse verzichtet darauf, religiöse, weltanschauliche oder sittliche Überzeugungen zu schmähen.

Ziffer 11: Sensationsberichterstattung, Jugendschutz.
Die Presse verzichtet auf eine unangemessen sensationelle Darstellung von Gewalt, Brutalität und Leid. Die Presse beachtet den Jugendschutz.

Ziffer 12: Diskriminierungen
Niemand darf wegen seines Geschlechts, einer Behinderung oder seiner Zugehörigkeit zu einer ethnischen, religiösen, sozialen oder nationalen Gruppe diskriminiert werden.

Ziffer 13: Unschuldsvermutung
Die Berichterstattung über Ermittlungsverfahren, Strafverfahren und sonstige förmliche Verfahren muss frei von Vorurteilen erfolgen Der Grundsatz der Unschuldsvermutung gilt auch für die Presse.

Ziffer 14: Medizin-Berichterstattung
Bei Berichten über medizinische Themen ist eine unangemessen sensationelle Darstellung zu vermeiden, die unbegründete Befürchtungen oder Hoffnungen beim Leser erwecken könnte. Forschungsergebnisse, die sich in einem frühen Stadium befinden, sollten nicht als abgeschlossen oder nahezu abgeschlossen dargestellt werden.

Ziffer 15: Vergünstigungen

Die Annahme von Vorteilen jeder Art, die geeignet sein könnten, die Entscheidungsfreiheit von Verlag und Redaktion zu beeinträchtigen, sind mit dem Ansehen, der Unabhängigkeit und der Aufgabe der Presse unvereinbar. Wer sich für die Verbreitung oder Unterdrückung von Nachrichten bestechen lässt, handelt unehrenhaft und berufswidrig.

Ziffer 16: Rügenabdruck

Es entspricht fairer Berichterstattung, vom Deutschen Presserat öffentlich ausgesprochene Rügen abzudrucken, insbesondere in den betroffenen Publikationsorganen.

Die Einteilung der Überschrift 5

Auf welchen Teil des Beitrags darf sich die Überschrift beziehen? Welche Funktion haben die einzelnen Elemente einer Überschrift? Wie sollen sie angeordnet werden? Für Online-Medien gelten zum Teil andere Regeln als für gedruckte. Die Gründe: Google und die Suchmaschinenoptimierung sowie das unterschiedliche Verhalten von Lesern und Usern.

Nach den vielfältigen Aspekten der sprachlichen Formulierung nun zu den *Formalien* der Überschrift:

- Wie sollen sich Haupt- und Unterzeilen, Haupt- und Dachzeilen zueinander verhalten?
- „Luft" neben der Zeile: Findet sie auf beiden Seiten (Mittelachse) oder nur auf einer (linksbündige Überschriften) oder so gut wie überhaupt nicht statt, wie bei den *Nürnberger Nachrichten* und allen Boulevardzeitungen?
- Kann der Zeilenbruch an beliebiger Stelle stehen?
- Gibt es typographische Sitten, die der Sprache einen Krampf aufnötigen, den man vermeiden könnte?

5.1 Schlagzeilen aus dem letzten Satz?

Welche Teile eines Textes muss die Überschrift abdecken? Auf eine wie späte Stelle darf sich die Hauptzeile beziehen? Soll eine Überschrift alle wesentlichen Aspekte des Textes erfassen – oder reicht es, wenn sie sich auf einen oder zwei davon beschränkt? Diese Fragen werden in den Redaktionen höchst unterschiedlich beantwortet. Dennoch: Aus den gebündelten Erfahrungen kann man durchaus einige Regeln ableiten, was sinnvoll ist und was nicht.

In der klassischen Nachricht bezieht sich die Überschrift auf den ersten Satz – denn er enthält wie sie den Kern der Nachricht. Ein typischer Fall (aus *spiegel.de*, 20.3.2014):

```
Indisches Gericht spricht vier Männer schuldig

MUMBAI. Ein Gericht im indischen Mumbai hat vier Männer
schuldig gesprochen, im vergangenen Jahr gemeinsam eine junge
     Fotografin vergewaltigt zu haben. Dies bestätigte der
   Innenminister des Bundesstaats Maharashtra, R.R. Patil. Das
                    Strafmaß soll ...
```

Dabei läuft man das Risiko, dass sich für Überschrift und ersten Satz dieselben Wörter, sogar dieselben Floskeln anbieten. Das klingt hässlich, ja der Leser könnte sich zum Narren gehalten fühlen, wenn er es so krass lesen muss wie hier:

```
In Schweden rumort es
```

hieß eine Unterzeile in der *FAZ*, und der Text begann:

```
Es rumort in Schweden ...
```

Die an sich naheliegende und korrekte Methode, die Überschrift auf den Anfang des Textes zu stützen, kann gleichwohl irreführend sein in einem Fall wie diesem:

```
Lukjanow sieht sich politisch verfolgt
```

stand in der *FAZ* über einem länglichen Einspalter mit vier Absätzen. Doch nur im ersten Absatz ging es um den früheren sowjetischen Parlamentspräsidenten, in den Absätzen zwei bis vier aber um ganz andere Dinge: das Verbot einer konservativen Partei, die Präsidentschaftskandidatur Schewardnadses in Georgien sowie eine Reise des moldawischen Regierungschefs. Das wären wohl besser vier Einspalter mit vier Überschriften geworden.

Beim Zweispalter, meist mit einer Kombination aus Haupt- und Unterzeile, stellt sich die Frage: Sollen alle Aussagen der Überschrift dem Vorspann oder dem ersten Absatz entnommen sein – oder dürfen sie sich auf spätere Absätze beziehen?

5.1 Schlagzeilen aus dem letzten Satz?

Manche Redaktionen sagen Was wichtig genug ist für die Überschrift, gehört auch in den ersten Absatz; wenn die beiden nicht zusammenpassen, sollte man eines von beiden ändern. Alles stand im ersten Absatz bei der *Hannoverschen Allgemeinen*:

> Ein blutiges Ehedrama hat sich am Donnerstagvormittag in der Grundschule in Dorum (Kreis Cuxhaven) abgespielt. Die Lehrerin (Name weggelassen, die Autoren) ist vor den Augen ihrer Schüler der Klasse 1b von ihrem Mann (Name weggelassen, die Autoren) niedergeschossen und lebensgefährlich verletzt worden. Am Nachmittag ist die 42-jährige Mutter dreier Kinder, die sich von ihrem Mann scheiden lassen wollte, im Krankenhaus gestorben. Ein Schüler wurde von einem Streifschuss leicht verletzt, konnte aber bereits am Nachmittag zu seinen Eltern zurückkehren. Der 47 Jahre alte Täter war am Abend noch auf der Flucht.

Die Überschrift schöpfte aus diesem ersten Absatz:

> *Blutiges Ehedrama in Schule:*
>
> Mann erschießt Lehrerin vor den Augen der Schüler
>
> Täter am Abend noch flüchtig

Die meisten Redaktionen jedoch haben nichts dagegen, wenn ein oder zwei Elemente der Überschrift über den ersten Absatz hinausgreifen, wie in der *Süddeutschen* am 20.3.2014:

> Milizen stürmen Militärbasen auf der Krim
>
> Prorussische Kräfte wollen ukrainische Soldaten verdrängen. Bundesregierung stoppt Rüstungsgeschäft mit Russland

Die Hauptzeile befasst sich mit dem Inhalt des ersten Absatzes, ebenso der erste Teil der Unterzeile. Der zweite Teil der Unterzeile wird allerdings erst im dritten Absatz aufgegriffen. Was dabei wichtig ist, um den Leser nicht zu verwirren: Die Überschrift spiegelt den Ablauf des Textes wider.

Überschriften mitten aus dem Text? Bei *Reportagen, Features, Kommentaren* ist dies üblich, sogar erwünscht. Sie sind ja, anders als die Nachricht, dramaturgisch aufgebaut, nicht nach dem Prinzip der abnehmenden Wichtigkeit; und so beginnen sie im Allgemeinen nicht mit der Kernaussage. Eine Übereinstimmung zwischen Überschrift und erstem Absatz kann also gar nicht hergestellt werden.

Zu diesem Sachzwang tritt oft das Argument, der Leser, neugierig, die Überschrift erläutert zu finden, werde dem Text desto sicherer treu bleiben, je später er auf die Passage stößt, der sie entnommen ist. In manchen Redaktionen gilt für Reportagen sogar die Faustregel, die Überschrift dürfe frühestens dem zweiten Viertel des Textes entnommen sein.

```
Der Alptraum im Lager 14
```

überschrieb die *Zeit* am 3.3.2014 auf Seite 8 eine doppelseitige Reportage über Nordkorea. Aufgegriffen und erklärt wurde das Bild in der vierten von neun Spalten, vorher ging es um ein anderes Lager; die Nummer 18. Das war aber immerhin – wegen einer Eckfeldanzeige – im zweiten Viertel.

```
Hello Mister
```

So lautete am 10.3.2014 der Titel einer *Spiegel*-Reportage über vier Seiten, es ging um junge Frauen auf den Philippinen, die sich vor einer Webcam ausziehen. Die Passage dazu fand sich auf der dritten Seite: „Ihre Kunden nannte sie Mister." Lässt sich da so sicher von einem Rezept zur freudigen Einbindung und Anspannung der Leser sprechen? Könnten nicht umgekehrt etliche den Eindruck haben, das Rätsel der Überschrift werde zu spät gelöst, gemessen an der Ungeduld des neugierigen Lesers oder am beiläufigen Interesse des bloßen Blätterers? Die Suche nach der entsprechenden Textstelle aufzugeben, mag mancher ein kleineres Übel finden, als die kunstvoll eingewebte Passage aufzuspüren. Daraus möchten wir die Faustregel ableiten:

Es ziert die Reportage, wenn auch bei ihr die Überschrift dem ersten Viertel entnommen ist. Mindestens sollte sie dort durch die Atmosphäre der Geschichte, ihr Personal oder eine Anekdote anklingen; wenn ihre Substanz sich erst im vierten Viertel zeigt – bitte sehr. Das übrigens leistete die Überschrift im *Spiegel* – auch auf den ersten beiden Seiten beschrieb sie ja das Milieu der Cybersex-Frauen. Die Auflösung folgte dann auf der dritten.

Überschriften aus der letzten Zeile? Auch das kommt vor. Ratschläge, so zu verfahren, sind den Autoren allerdings nicht bekannt geworden. Der Zusammenhang ist vermutlich eher der: Ist der Text fertig geschrieben oder redigiert, so geht es an die Überschrift. Beim typischen Arbeitsablauf ist also kein Satz eines Artikels der Überschrift so nahe wie der letzte.

> Ticken Umweltbomben an Mur und Mürz?

fragte der Wiener *Standard* nach einem Fernsehauftritt der österreichischen Umwelt- und Familienministerin. Im ersten Absatz ging es um Hilfe für Familien, im zweiten um die Pflege älterer Menschen, im dritten um Umwelthaftung und erst im vierten um die „Umweltbomben". Die *Mitteldeutsche Zeitung* schrieb im letzten Satz eines Vierspalters über den Rockmusiker Heinz Rudolf Kunze: „... Kunze, der sich selbst ein Schlitzohr unter lauter Chinesen nennt ...". Einen Hauptsatz war dem Redakteur diese Anmerkung nicht wert – aber für die Hauptzeile war sie gut genug:

> Ein Schlitzohr unter lauter Chinesen

5.2 Dachzeile – Hauptzeile – Unterzeile

Eine Hauptzeile mit einer Unterzeile: Das ist für mehrspaltige Überschriften die häufigste, jedoch keineswegs die einzige Form. Manche Zeitungen und fast alle Online-Portale verwenden grundsätzlich keine Unterzeilen, sondern stattdessen eine Dachzeile.

Fast alle Blätter drucken zur Hauptzeile inzwischen entweder eine Dachzeile *oder* eine Unterzeile, nie aber beides – so wie auch die doppelte Hauptzeile über vier oder fünf Spalten so gut wie ausgestorben ist. Diese Entwicklung ist erfreulich: Wer in der Überschrift zu viel Platz hat, neigt naturgemäß dazu, zu viel bereits dort zu verraten.

Hauptzeile mit Unterzeile – für die häufigste Kombination haben sich drei Grundmodelle herausgebildet.

Modell 1 Die Hauptzeile enthält eine knappe sachliche Aussage, die durch die Unterzeile *erläutert* wird – ein Standard-Modell; nach dem Muster:

> 1200 Euro Strafe für zweimaligen Hitler-Gruß

> Amtsgericht verurteilt 22-Jährigen wegen Provokationen in Diskothek

Dies aus den *Westfälischen Nachrichten*. In der *Frankfurter Rundschau*:

> Labile Konjunktur im Osten Höhere Industrieproduktion, aber starker Auftragsrückgang

In beiden Fällen wird die Aussage der Hauptzeile durch zwei konkrete Einzelheiten begründet und belegt.

Warnung 1 Die Unterzeile erfüllt ihren Zweck nicht, wenn sie nicht erläutert, sondern die Aussage der Hauptzeile mit anderen Worten wiederholt oder nur mäßig variiert; nach dem Muster (Hauptzeile):

> Ein Zwitter aus Heilslehre und Wissenschaft

Unterzeile:

> Ein Brückenschlag zwischen Theorie und Erfahrung

(*Süddeutsche Zeitung*)

Modell 2 Die Aussage der Hauptzeile wird durch die Unterzeile *ergänzt und fortgeschrieben*; das andere Standardmodell für Politik und Wirtschaft. Ein Beispiel aus der *Landshuter Zeitung*:

> Politiker mahnen zu mehr Geduld beim Aufbau Ost
>
> Neue Bundesländer noch jahrelang auf Finanzhilfe angewiesen - Viele Ostdeutsche fühlen sich als Bürger zweiter Klasse - Zentrale Feier mit Merkel-Rede in Kiel

Und aus dem Bonner *General-Anzeiger*, 25.2.2014:

> Edathy stellt weitere Strafanzeige
>
> Politiker fordert Ablösung der Staatsanwälte. SPD-Spitze stellt Weichen für möglichen Parteiausschluss

5.2 Dachzeile – Hauptzeile – Unterzeile

Eine nützliche Mischform entwickeln lässt sich aus den Modellen 1 und 2 – *erst Erläuterung, dann Fortschreibung*, wie hier in der *Frankfurter Rundschau*:

>   Österreicher wählen ihre Regierung ab
>
>   Verluste für Kanzler-Partei ÖVP/Große Koalition
>   wahrscheinlich

Warnung 2 Die Fortschreibung nach diesem Modell muss als solche erkennbar bleiben; entdeckt der Leser zwischen Oben und Unten keinen Zusammenhang, so ist das Modell gescheitert
– wie in der in der *Hannoverschen Allgemeinen*:

>   Tilsiter Käse wieder gefragt
>
>   Nach 40 Jahren Trennung gibt es einen gesamtdeutschen Duden

Noch schlimmer, wenn ein Zusammenhang sich anbietet, nur leider ein falscher – wie bei den *Bramscher Nachrichten* in Niedersachsen:

>   Sexuelle Belästigung am Arbeitsplatz
>
>   Fortbildung für Betriebsräte in Bramsche

Modell 3 Eine *feuilletonistische* Hauptzeile, die allein dem Leseanreiz dient, wird durch eine *sachliche* Unterzeile erläutert, vielleicht gar erst mit Sinn erfüllt – dies war lange das Standardmodell im Vermischten der meisten Zeitungen, bei Reportagen, oft im Lokalen und im Feuilleton, fast immer bei Zeitschriften. Mittlerweile wenden manche Zeitungen dieses Modell auch im Politik- und im Wirtschaftsteil an. Sie geben dort Nachrichten-Analysen und Features den Vorrang vor reinen Nachrichten, weil die Leute die bereits oft aus dem Internet kennen. Also kann auch die Hauptzeile nicht mehr nachrichtlich sein.
Gelungene Beispiele – aus der *Süddeutschen Zeitung, 19. März 2014*:

>   Das Rohr zum Westen
>
>   Das weltweit größte Rohstoffunternehmen Gazprom ist in der
>   Ukraine-Krise ein Machtinstrument des Kreml. Der
>   Energiekonzern droht und beschwichtigt zugleich. Doch wer am
>   Ende das sagen hat, ist klar: Putin

Aus den *Stuttgarter Nachrichten*, 15.11.2013:

```
Schäfer-Gümbel und der linke Traum von Hessen

Rot-Rot-Grün in Hessen offenbar abgesagt
```

Aus *Schrot & Korn*:

```
Kind verreist, Eltern zerrissen

Das Kind fährt zum ersten Mal solo in den Urlaub. Was Sie tun
können, damit Sie nicht mit gemischten Gefühlen zurückbleiben
```

Warnung 3 Das Modell ist gescheitert, wenn die Unterzeile dem Leser ein zweites Rätsel aufgibt, statt das Rätsel der Oberzeile zu lösen, wie es allein ihre Aufgabe sein kann. Zum Beispiel hier in der *Neuen Osnabrücker Zeitung*:

```
Anspruchsvoll

Lachenmann und Spahlinger bei Rabus
```

Und leider erfahren wir aus der *Stuttgarter Zeitung* nicht, was eigentlich passiert, wenn der Zug abfährt:

```
Wenn der Zug ab Stuttgart fährt

Ein Schlichtungsversuch: Das Genitiv-S und das Haus der
Geschichte
```

Dachzeilen – in manchen Redaktionen zusätzlich zur Hauptzeile dann verwendet, wenn es keine Unterzeile gibt – bieten eine interessante Möglichkeit: Sie verhelfen der Überschrift dazu, eine oder mehrere weitere W-Fragen herausgehoben zu beantworten (wer, was, wann, wo, wie, warum und welche Quelle?). Bei gedruckten Medien geht mit der Chance indessen ein Risiko einher: Es wäre unrealistisch anzunehmen, dass die Leser die Lektüre der Überschriften-Elemente mit der Dachzeile beginnen, bloß weil sie zuoberst steht. Das übliche Leseverhalten ist anders: Fast alle fangen mit den großen Lettern der Hauptzeile an, und springen dann zurück zur Dachzeile, die in der Regel kleiner gesetzt ist. Daraus folgt, dass die Hauptzeile die Leser neugierig machen soll, während die Dachzeile eher der Einordnung der Hauptzeile dient: Worum geht es? Wer spricht? Sie liefert ein Stichwort, einen Begriff, sie soll aber nicht aus einem vollständigen Satz bestehen.

5.2 Dachzeile – Hauptzeile – Unterzeile

Fast alle Online-Portale arbeiten auf ihren Homepages mit dem Modell Dachzeile – Hauptzeile Der Unterschied zu gedruckten Medien ist: Dachzeile und Hauptzeile stehen näher beieinander, die Unterschiede im Schriftgrad sind relativ gering – die Unterscheidbarkeit der beiden Elemente wird dadurch garantiert, dass sie unterschiedliche Farben haben. Ein paar zufällige Beispiele, alle vom 20.3.2014 (Zur Unterscheidbarkeit werden hier die beiden Elemente, anders als im Original, durch einen Zeilenumbruch voneinander getrennt):

```
            Suche nach MH370
   Zwei Stück Treibgut sollen Gewissheit bringen

       Ex-Verteidigungsminister Rühe
            „Putin hat versagt"

          Zerwürfnis bei Discounter:
         Lidl schasst Vorstandschef Holland
```

(alle *spiegel.de*)

```
             Studie von Towers Watson
   Dax-Vorstände verdienen im Schnitt 5,3 Millionen Euro
```

(*Faz.net*)

```
              Todesfalle Auto
      Dieser Kindersitz kann Babys das Leben retten
```

(*focus.de*)

```
              Nonnengänse
          Serengeti an der Nordsee

           US-Bundesstaat Maine
         Polizeieinsatz wegen Tattoo
```

(beide *süddeutsche.de*)

Zwischen Oben und Unten muss der Zusammenhang erkennbar sein – diese Regel gilt natürlich auch beim Online-Medium. Also nicht, wie in *focus.de*, ebenfalls am 20.3.2014:

```
   News-Ticker zu Schumacher
Gerhard Berger geht es nach schwerem Skiunfall besser
```

Für Redaktionen mit allen drei Elementen (was aber bei tagesaktuellen Medien kaum noch vorkommt) bietet sich die Faustregel an:

- Haupt- und Unterzeile zusammen müssen eine geschlossene und verständliche Aussage enthalten;
- Die Überschrift muss auch ohne Dachzeile verständlich sein.
- In der Dachzeile dürfen nur ergänzende Informationen stehen, nicht aber solche, die zum Verständnis unentbehrlich sind. Denn viele Leser beschäftigen sich *nach der Unterzeile* gleich mit dem Lauftext, sie springen nicht zurück zur Dachzeile – ein solches Leseverhalten gibt es nur beim zweigliedrigen Modell Dachzeile – Hauptzeile.

Dachzeile als Spitzmarke Unter den gedruckten Medien machen vor allem Zeitschriften das – sie setzen über die Hauptzeile jeweils ein Wort, das das Thema des Artikels geographisch oder sachlich einordnen soll.

<u>Zentralafrika</u>
        Yagouzos Krieg

<u>Bundesbank</u>
        Neue Aufgabenteilung

(beide aus dem *Spiegel* vom 10.3.2014)
    Wichtig ist, dass die Spitzmarke für den Leser auf Anhieb als solche zu erkennen ist. Wie das geht, hatten wir bereits im Kapitel zum Telegrammstil beschrieben.

Dachzeile – Hauptzeile – Vorspann Das ist die Trias, die man in Magazinen und auf Websites sehr oft findet, vor allem bei den längeren Geschichten. Der Vorspann ist erstens länger als die aus den Zeitungen bekannte Unterzeile, zweitens geht es bei ihm – anders als bei Unterzeilen über Nachrichten – ausdrücklich nicht darum, die Kernaussage des Textes bloß zusammenzufassen. Sondern er hat die Funktion einer Rampe: Er führt den Leser bis an die Schwelle des Textes und dort rät er ihm, zu springen, also den Lauftext zu beginnen.
    Ein Beispiel dazu aus dem *Spiegel* vom 10.3.2014:
Dachzeile:
<u>Verfassung</u>
Hauptzeile:

        Die Anmaßung

5.2 Dachzeile – Hauptzeile – Unterzeile

Vorspann:

```
Das Bundesverfassungsgericht gilt als nationale Instanz, nun
wird es so scharf kritisiert wie selten zuvor. Die Richter
fühlen sich missverstanden. Doch mit ihren Urteilen zu Europa
haben sie Geister gerufen, die sie nicht mehr loswerden.
```

Hauptzeile und Vorspann sind auch ohne Dachzeile verständlich, diese ordnet das Thema nur sachlich ein. Der Vorspann sagt ausdrücklich nicht, *welche* Geister die Richter gerufen haben. Er will ja nicht alles zusammenfassen. Er will nicht Gewissheit vermitteln, sondern Ahnung. Wo Ahnung ist, da ist Spannung. Und wo Spannung ist, da sind Leser.

In Online-Medien sind die Hauptzeilen weniger verspielt, weniger feuilletonistisch als in gedruckten Medien. Der Grund dafür ist aber nicht, dass die Redakteure dort weniger kreativ wären als ihre Kollegen vom gedruckten Fach. Es gibt zwei andere Gründe dafür.

Erstens sind User flüchtiger als Leser – sie scannen eine Website mit den Augen, während Leser eher blättern. Oder wie Stefan Plöchinger, der Chefredakteur von Süddeutsche.de, immer sagt: Online ist ein „Lean forward"-Medium, während Zeitung „Lean Back" ist. Deshalb muss der scrollende und scannende User sehr direkt und mit Keywords angesprochen werden, wie das im Online-Deutsch heißt, während der Zeitungsleser auch mit Zeilen zu fangen ist, die sich erst auf den zweiten Blick erschließen.

```
              Fassade der Unschuld
```

Das stand am 4. April 2014 über einem Bericht in der *SZ*, in dem es um die indirekte Beteiligung Deutschlands am US-Drohnenkrieg ging. Schöne Zeile, aber online würde sie nie funktionieren. Deshalb entschied sich *Süddeutsche.de* lieber für diese Dach- und diese Hauptzeile:

```
                 US-Drohnenkrieg

      „Immer fließen die Daten über Ramstein"
```

Zweitens sollen Online-Überschriften auch immer noch Google dienen Auch die Zeile. „Die Anmaßung" war hübsch und provozierend für den gedruckten *Spiegel* – die Kollegen von *spiegel.de* hätten sie aber trotzdem wohl kaum verwendet. Die Zeile war frei von Keywords. Sie enthält kein Wort, mit dem Google jenem

Surfer helfen könnte, der nach Texten übers Bundesverfassungsgericht sucht. Auch deswegen sind Online-Hauptzeilen oft sehr viel direkter, schnörkelloser als ihre Geschwister im Print.

```
USA verschärfen Sanktionen - Russland kontert
```

stand am 20.3.2014 bei *Süddeutsche.de*, unter der Dachzeile „Krim-Krise"
Und weiter:

```
Höfl-Riesch beendet ihre Karriere

Lidl wirft Vorstandschef raus
```

Überall Keywords, in allen Hauptzeilen – und in den anderen Elementen noch dazu: Außer der genannten

```
„Krim-Krise"
```

noch

```
„Ski alpin"
```

und

```
„Ärger beim Discounter"
```

Aber Vorsicht vor Wortwiederholungen: Sie gelten auch bei Online-Medien, die auf sich halten, als Panne. Es sieht einfach schlampig aus, wenn der User zum Beispiel am 18.3.2014 auf *welt.de* liest:
Dachzeile:

```
Krebsleiden
```

Und in der Hauptzeile:

```
Schauspielerin Mareike Carriere an Krebs gestorben
```

Mag sein, dass hier ein Redakteur an Google und die Suchmaschinenoptimierung gedacht hat, und deshalb das Keyword „Krebs" in zwei Varianten brachte.

Aber wer unbedingt sicherstellen will, dass der Google-Kiosk seine Ware ganz oben präsentiert, dem steht ja immer noch das Google-Snippet zur Verfügung: der Titel nur für die Trefferliste von Google, falls dort jemand nach „Mareike Carriere" sucht. Da erfüllt das mehrfach verwendete Keyword seine Funktion, ohne auf der Original-Site zu stören.

Der Redakteur bei *welt.de*, der sich am 21.3.2014 später mit Zähnen befassen musste, wollte es besser machen. Er präsentierte diese Kombination:
Dachzeile:

```
                    Dentalhygiene
```

Hauptzeile:

```
       Woran eine gute Zahnpasta zu erkennen ist
```

Na ja. Wer gibt schon bei Google „Dentalhygiene" ein? Das wiederum ist sprachlicher Krampf, der niemandem nutzt, nicht dem Leser, nicht der Firma Google, nicht der Redaktion.

```
                    Tod mit 59
```

über der Zeile zum Tod der Schauspielerin und

```
                    Mundhygiene
```

überm Zahnpastatext – das wär's gewesen.

Auch der Vorspann hat bei Online-Medien strategische Funktion Wie bei den Magazinen soll er in eine Rampe münden. Anders als bei den Magazinen soll aber auch er Keywords enthalten; der scannende User und Google lassen sich nun mal nicht ignorieren. Und er soll gewähren, dass die User wirklich den Text lesen, also: auf der Site bleiben und wiederkommen – die Währung der Onlinemedien sind ja inzwischen weniger die Page Impressions, die einzelnen Klicks also, als vielmehr die Visits, also ein Besuch einer Site nach mindestens einer halben Stunde Abwesenheit. Deshalb scheute sich *Süddeutsche.de* im Fall Lidl nicht, den Vorspann gleich wieder mit dem Keyword „Lidl" zu beginnen – und machte zudem richtig neugierig auf den Text:

```
Der Discounterkette Lidl geht es grundsätzlich blendend.
Trotzdem hat sich der Konzern nun von Vorstandschef
```

```
Karl-Heinz Holland getrennt. Es gibt wohl intern gewaltigen
     Krach.
```

Ähnlich *faz.net* am selben Tag zu einem Auftritt der Schriftstellerin Sibylle Lewitscharoff, über die sich gerade die Szene erregte. Als Keywords boten sich an: Lewitscharoff, Halbwesen, lit.cologne, Köln. Und? Alle drin; Lewitscharoff natürlich zweimal.

Dachzeile:

```
          Erster Auftritt nach „Halbwesen"-Äußerungen
```

Hauptzeile:

```
          Lewitscharoff: Mein Unbehagen bleibt
```

Vorspann:

```
Der erste große öffentliche Auftritt nach dem Skandal um die
Dresdner Rede von Sibylle Lewitscharoff fand in Köln auf der
lit.Cologne statt. Wer geglaubt hatte, dort eine reumütige
     Schriftstellerin zu treffen, hatte sich getäuscht.
```

Vorspänne gibt es inzwischen auch in manchen Zeitungen – indem sie nun die Seitenaufmacher mit mehreren Unterzeilen bedenken. Diese sind faktisch Vorspänne, nur: Sie sollten dann aber auch so geschrieben sein. Zu oft aber siegt noch das Prinzip „Zusammenfassen", so wie hier in der *FAZ* (3.4.2014)

Hauptzeile:

```
               Die Revanche der Verflossenen
```

Vorspann:

```
Frankreichs Präsident Hollande hat Ségolène Royal, die Mutter
seiner Kinder, ins Kabinett geholt. Das einstige Traumpaar
     der Sozialisten hat sich politisch versöhnt.
```

Spitzmarke in der Unterzeile Der *Focus* macht das so. Auch er titelt mit drei Elementen: Hauptzeile, Vorspann sowie einer Spitzmarke, die aber nicht über der Hauptzeile steht, sondern Teil des Vorspanns ist und dort typographisch hervorgehoben wird. Ein Beispiel vom 1. Juli 2013:

5.2 Dachzeile – Hauptzeile – Unterzeile

Hauptzeile: „Ich wünsche mir mehr Entschlossenheit"
Vorspann: Der österreichische **Bundeskanzler Werner Faymann** kritisiert Angela Merkels strikte Sparpolitik und fordert einen Schuldentilgungsfonds der EU für künftige Krisen

Diese Methode hat Vorteile Je weniger Elemente der Redakteur zu bewältigen hat, umso geringer ist die Gefahr, dass ihm die Begriffe ausgehen und er Wortwiederholung betreiben muss, über die wir hier ja an mehreren Stellen geschrieben haben. Schon der *Spiegel* hatte in der Geschichte übers Bundesverfassungsgericht ja seine Mühe, ihm fiel für die Dachzeile nur „Verfassung" ein.

Die *Brigitte* kapitulierte im Heft 5/2014 gleich zweimal vor dem Problem:
Dachzeile:

```
           Christoph Maria Herbst
```

Hauptzeile:

```
            Endlich wieder Herbst
```

Vorspann:

```
Eigentlich ist Christoph Maria Herbst ein umgänglicher Typ.
       Aber wenn er den Bernd Stromberg spielt ...
```

Und ein paar Seiten weiter:
Dachzeile:

```
                  New York
```

Hauptzeile:

```
           Das andere New-York-Gefühl
```

In der Unterzeile sollte es dann nicht schon wieder „New York" heißen. Also widerfuhr der Stadt dasselbe wie Köln, das immer Domstadt sein muss:

```
        Leben im Big Apple ist so, wie ...
```

Und dann gibt es noch die Umbruch-Panne Zum Beispiel, indem eine zweite Nachricht so in die erste eingeklinkt ist, dass man die Überschrift der zweiten

Nachricht für eine Unterzeile der ersten Nachricht halten kann. Da riefen denn 1984 im *Volksblatt Berlin* die Verleger das Militär gegen die damalige IG Druck zu Hilfe:

Oder indem zur richtigen Überschrift ein falsches, irreführendes Bild gestellt wird. Da zeigte die *Frankfurter Neue Presse* im Jahr 2001 den damaligen Verteidigungsminister Rudolf Scharping scheinbar auf dem Weg zum Tode (`Der erste Tote`).

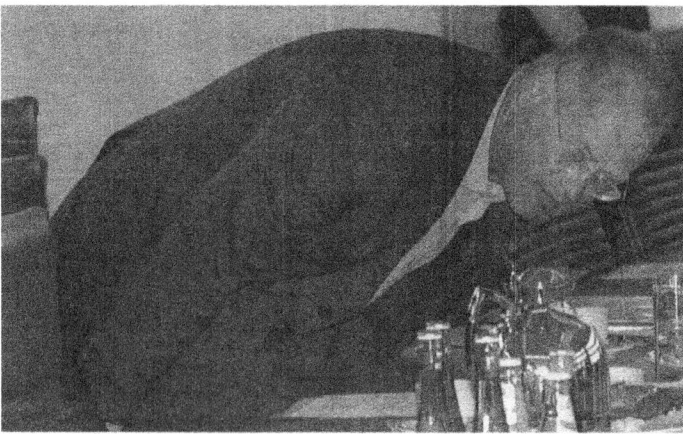

Oder indem die Überschrift graphisch mit einer anderen Bildnachricht gekoppelt wird – wie im *Tagesspiegel* vom 15.11.2011:

```
Nazi-Trio soll zehn Morde verübt haben
```

Es war der Tag, nachdem der NSU aufgeflogen war. Und darüber platzierte die Redaktion eine Bildnachricht mit den Politikern McAllister, Röttgen und Kretschmann.

5.3 „Luft" – wo und wie viel?

Natürlich ist der *Anblick* einer Überschrift, ihre optische Gliederung alles andere als gleichgültig. Wie sie aber aussehen soll, in welcher Schriftart und Schriftgröße, ob Leerräume neben den Zeilen in Maßen erwünscht sind, schlechthin unwillkommen oder gar verboten, ob solche Leerstellen, wenn erwünscht, dann symmetrisch oder einseitig rechts angeordnet werden – das ist zumeist durch unverrückbare Redaktionssitten fixiert, und weder der Neuling in der Redaktion noch die Autoren dieses Buches haben eine Chance, daran etwas zu ändern. Wir können nur eine Bestandsaufnahme machen und auf ein paar Vor- und Nachteile hinweisen.

<u>Pleite der Handy-Sparte</u>
Siemens-Chef gerät unter Druck

Ein Quantum „Luft" neben den Buchstaben – das nimmt die größte Gruppe von Zeitungsredaktionen in Kauf oder hält es sogar für erstrebenswert; die Buchstaben werden auf *Mittelachse* gesetzt, der Leerraum also systematisch verteilt. Die *Frankfurter Neue Presse* tut dies mit viel Liebe und viel Mut zur Luft in ihren Aufmachern: **Die Buchstaben linksbündig** setzt eine immer größere werdende Gruppe von Redaktionen – zum Beispiel die *Zeit*, die *Augsburger Allgemeine* und das *Handelsblatt*.

Dass der Leerraum nicht auf zwei Seiten verteilt und damit jeweils halbiert, sondern nur rechts gelassen wird, hat eine von zwei Konsequenzen:

- Entweder können hässliche Löcher entstehen,
- oder die Redaktion zwingt sich zu einem höheren Füllgrad, als dies bei Überschriften in der Mittelachse nötig wäre.

Linksbündige Überschriften haben folglich für Redakteure einen messbaren Nachteil: Wer einen unerfreulichen Anblick vermeiden will, der bei der Mittelachse gar nicht entstünde, muss mehr arbeiten.

Volllaufende Zeilen, die Angst vor jedem Leerraum, kennzeichnen alle Boulevardzeitungen und einzelne Abonnementsblätter. Viele Redakteure finden solche vollgestopften Zeilen ausgesprochen hässlich und grübeln über Ursprung und Sinn dieser Sitte. Müssen sie selber solche Überschriften produzieren, so haben sie damit ein gewaltiges Quantum Mehrarbeit. In den Boulevardzeitungen ist dies nur eine Sprosse mehr auf der Feuerwehrleiter zur verkaufsträchtigen Überschrift. Die Redakteure müssen ja ohnehin Titel-Artisten sein. Anderseits erleichtern sie sich das Leben, indem sie mit den *Schriftgrößen* spielen, so lange, bis die Zeile vollläuft, ja sogar mit der Freiheit, die zweite Hauptzeile kleiner zu drucken als die erste (wie hier der *Berliner Kurier*):

Die ganz harte Arbeit wird in denjenigen Redaktionen geleistet, die sich bei strenger Einheit der Schrift dem Diktat der vollen oder fast vollen Zeilen unterwerfen: ziemlich streng zum Beispiel in dem bayerischen Gürtel, der von den *Nürnberger Nachrichten* über die *Landshuter Zeitung* bis hinüber zur *Passauer Neuen Presse* reicht. In denen sieht das – im Fall einer schon im vergangenen Kapitel zitierten Überschrift – so aus:

5.3 "Luft" – wo und wie viel?

Volle Zeilen und die in Tateinheit mit wenig Durchschuss – ob die Leser davon begeistert sind und im Fall einer Lockerung der Sitten aufheulen würden, bleibt unklar; klar ist, dass trotz aller Mehrarbeit der Redakteure nicht selten Zeilen entstehen, die sprachlich besonders unbefriedigend sind – im übernächsten Beitrag mehr darüber.

Regeln für nichtvolllaufende Zeilen, mindestens Faustregeln, gibt es in den meisten Redaktionen. Der Zeilenfall ist nicht beliebig – weder sprachlich (siehe nächster Beitrag) noch typographisch:

Jede Zeile sollte mindestens zu zwei Dritteln gefüllt sein, und auch über den äußeren Spalten eines drei- oder mehrspaltigen Textes muss noch ein Zipfel der Überschrift erscheinen. Sicher war in der *Augsburger Allgemeinen* einst niemand glücklich über diesen Anblick:

Die Zeilen dürfen nicht gleich lang sein, gleichgültig, ob sie linksbündig oder auf Mittelachse angeordnet sind. Ein Schriftbild wie hier aus der *Leipziger Volkszeitung* gilt überall als unerfreulich:

NPD-Fraktion soll Gelder illegal eingesetzt haben
Rechnungshof prüft Mitteleinsatz aus Sachsen für Landtagswahlkampf in Mecklenburg-Vorpommern

München (ddp/dpa). Die rechtsextreme NPD-Fraktion soll beim Sächsischen Landtag in Verdacht stehen, mit ihren Ressourcen Wahlkämpfe in Rheinland-Pfalz und Mecklenburg-Vorpommern illegal unterstützt zu haben. Nach Informationen des Nachrichtenmagazins Focus liegen dem Rechnungshof zehn Schreiben der Parlamentsverwaltung vor, die Hinweise auf Missbrauch von Fraktionsmitteln für die NPD-Parteiarbeit enthalten. Die aus Steuern bereitgestellten Fraktionsgelder – im Fall der NPD 111 420 Euro pro Monat – dürfen nur für die Parlamentsarbeit eingesetzt werden. Mit Beginn der kommenden Jahres will der Rechnungshof die Finanzpraxis der Landtagsfraktionen prüfen. Die NPD wies den Bericht zurück. Fraktionsgeschäftsführer Peter Marx habe sich im Frühjahr zwei Monate lang im Wahlkampf in Rheinland-Pfalz engagiert, schreibt das Blatt. Marx habe auch zeitweise parallel zu seiner Dresdner Funktion als NPD-Landeschef des Saarlandes amtiert, so das Nachrichtenmagazin. Nach wie vor führe er als Vorsitzender die NPD in Rheinland-Pfalz. Der NPD-Spitzenkandidat in Mecklenburg-Vorpommern, Udo Pastörs, und drei weitere Wahlkämpfer hätten bei der sächsischen NPD-Fraktion Praktika erhalten, um sich für die künftige Parlamentsarbeit zu schulen. Bei der Landtagswahl vor zwei Wochen zog die rechtsextreme NPD mit 7,3 Prozent der Stimmen in den Landtag Mecklenburg-Vorpommern ein. Der sächsische NPD-Abgeordnete Jürgen Gansel sagte: „Mit dieser strategischen Achse, die durch ihre parlamentarische Präsenz über Geldmittel und Kader verfügt, lassen wir von Mitteldeutschland aus eine nationale Welle über das Land schwappen." Der NPD-Fraktionsvorsitzende in Sachsen, Holger Apfel, erklärte gestern: „Der vom Focus erweckte Eindruck einer illegalen Wahlkampfunterstützung mit Fraktionsgeldern ist unzutreffend. Ich weise diese Unterstellung deshalb mit Nachdruck zurück." Mitarbeiter der NPD-Fraktion, die als Kandidaten angetreten seien oder Wahlkämpfe unterstützten, hätten dies in ihrem Urlaub getan.

Bei dreizeiligen Überschriften sind die meisten Redakteure bestrebt, nicht nur die gleiche Länge zu vermeiden, sondern ebenso zwei auffallende Arten des Zeilenfalls: den *Trichter* und die *Treppe*.

Als Trichter wird eine dreizeilige Überschrift bezeichnet, die sich Zeile um Zeile nach unten verjüngt wie hier in der *Welt*:

Treppe, auch Terrasse oder Pyramide heißt eine Überschrift, die von oben nach unten fortlaufend breiter wird wie hier in der *Hessisch-Niedersächsischen Allgemeinen* oder in den *Nürnberger Nachrichten* vom 31.3.2014.

Balleis verliert den Ratsvorsitz
Neuer Chef für Metropolregion

NÜRNBERG — Der Erlanger Oberbürgermeister Siegfried Balleis muss nach seiner Wahlniederlage auch den Ratsvorsitz der Metropolregion Nürnberg abgeben.

Als Zeilenrhythmus bei Dreizeilern erwünscht ist in den meisten Redaktionen, die keine vollaufenden Überschriften mögen, entweder *lang – kurz – lang*:

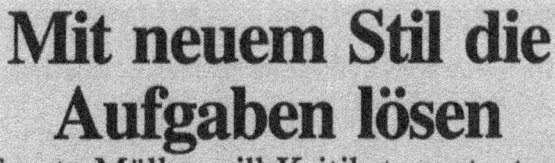

oder die Abfolge *kurz – lang – kurz:*

Rheinland-Pfalz erhebt Studentenzoll

SPD-Regierung kassiert Gebühr von Studierenden aus anderen Bundesländern · Finanzausgleich für Hochschulen gefordert

5.4 Ärger mit dem Zeilenbruch

Trunkenheit eines Schöffen gefährdet? Das wäre wirklich mal eine alarmierende Überschrift. Man las sie im *Tagesspiegel*:

```
            Trunkenheit eines Schöffen gefährdet

            Prozess nach 133 Verhandlungstagen
```

Und man darf raten Sind das zwei Aussagen in zwei Zeilen? Dies wäre eine mögliche Deutung: erstens grammatisch; zweitens, weil die erste Zeile ausgesprochen griffig klingt. Die zweite weckt dann allerdings ein paar juristische Bedenken: Vermutlich waren ja eben die 133 Verhandlungstage der Prozess, so dass dieser nicht nach 133 Tagen beginnen kann. Demnach schien es sich doch um *eine* Aussage zu handeln, auf zwei Zeilen verteilt, nur leider so, dass der Effekt unfreiwilliger Komik entstand (wohl das Traurigste, was einem Journalisten widerfahren kann). Woraus man sieht:

Der Zeilenbruch ist eine Kunst, jedenfalls alles andere als beliebig. Ist zum Beispiel die Aussage Nach gereizten Debatten macht sich die FDP zum Parteitags-Ende Mut auf zwei Zeilen zu verteilen, so sind nur folgende Möglichkeiten legitim:

```
           Nach gereizten Debatten
   macht sich die FDP zum Parteitags-Ende Mut
```

oder

```
   Nach gereizten Debatten macht sich die FDP
           zum Parteitags-Ende Mut
```

(so in der *FAZ*). Noch erträglich wäre der Zeilenbruch:

```
   Nach gereizten Debatten macht sich
       die FDP zum Parteitags-Ende Mut
```

Nicht erlaubt dagegen wäre der Zeilenfall

```
   Nach gereizten Debatten macht sich die
         FDP zum Parteitags-Ende Mut
```

Das Substantiv und sein Artikel sollten also nicht voneinander getrennt werden. Aber die *Neue Osnabrücker Zeitung* druckte die dreizeilige Überschrift:

```
            Zum Lob der
         Götter Tanz auf
         dem Schüsselrand
```

Da wurde, bei dem Übergang von der zweiten zur dritten Zeile, gleich gegen eine weitere Regel verstoßen:

5.4 Ärger mit dem Zeilenbruch

Nicht mit einer Präposition aufhören sollte die Zeile, wie hier `Tanz auf/dem Schüsselrand` oder in den *Ruhr-Nachrichten*:

```
Hertha zurück an

     der Spitze
```

Dasselbe gleich zweimal in einer Überschrift der *Tiroler Tageszeitung*:

```
Regionalwahlen in Frankreich als

       Stimmungsbarometer
```

Die Bestandteile eines Eigennamens dürfen schon gar nicht auf verschiedene Zeilen verteilt werden. Dem widerspricht wohl keiner, doch nicht jeder richtet sich danach:

```
   Bondy holt Stefanie

     Carp nach Wien
```

berichtete die *WAZ*.

Silbentrennung in der Überschrift wäre überhaupt das letzte. Ob der *Spiegel* dagegen gelegentlich verstößt, ist nicht eindeutig zu sagen, denn der Text unter der Dach- und der Hauptzeile lässt sich ebenso als Unterzeile wie als Vorspann lesen; da sieht man dann:

```
   Amerikas Konjunkturaus

     sichten sind flau.
```

Wenn die obere der beiden Hauptzeilen schon in sich einen Sinn ergibt, obwohl die Aussage sich in die zweite Zeile fortsetzt, verwirrt das den Leser noch mehr. Nicht immer funktioniert das so krass wie bei dem Beispiel `Trunkenheit eines Schöffen gefährdet;` auch eine Unsicherheit, ein Stutzen des Lesers sollte eigentlich nicht in Kauf genommen werden.

> Die Bereinigung der Krise wird weniger

schrieb das *Handelsblatt* – sollte die Redaktion in etwas unsauberem Deutsch eine schlechtere Krisenbereinigung signalisieren wollen? Nein; die zweite Zeile heißt

> kosten als ursprünglich angenommen

Ähnlich in der *FAZ*:

> Noch immer unterteilt der Ärmelkanal die Welt

Na ja, ein bisschen stark gesagt, denkt sich der Leser – ehe er weiterliest:

> zuverlässig in Briten und Ausländer

Na, wenn das alles ist.

> Einbrecher zeigte sich

(der Narr, denkt der Leser)

> und seine Komplizen an

– ein Kunststück auf derselben Seite derselben Ausgabe des *Tagesspiegels*, der uns auf die Gefährdung der Trunkenheit des Schöffen hingewiesen hatte.

> Audi will Mercedes

teilte die *Leipziger Volkszeitung* mit – doch sie sprach gar nicht vom Kaufen:

> und BMW überholen

Das *Handelsblatt* schien im Fall der PKK vom Ende von Geschäftsbeziehungen zu reden:

> PKK kündigt einseitigen

In Wahrheit ging es mal wieder ums Schießen und Morden:

> Waffenstillstand an

Die *Kölnische Rundschau* sprach, so schien es, eine zeitlose Wahrheit aus:

```
         Auch wer schenkt, muss
```

und fuhr dann fort:

```
           an den Fiskus zahlen
```

In der *Stuttgarter Zeitung* stießen Politiker die Warnung aus:

```
          Grüne: Ozon im Raum
```

(so weit ist es schon, denkt der erschrockene Leser, ehe er fortfährt)

```
       Mannheim besser bekämpfen
```

Und schließlich das Trauerspiel mit dem unberechenbaren Wählerverhalten, das die *Hamburger Morgenpost* rügte:

```
         Briefwähler kippten um

        23.16 Uhr das Ergebnis
```

5.5 Zu wenig Platz oder zu viel

Die große Not des Überschriftenmachens ist der *Zwang zur Kürze*; etliche Medien erlegen sich jedoch umgekehrt einen *Zwang zur Länge* auf, der auch nicht immer normales oder gar angenehmes Deutsch zur Folge hat.

Vom Zwang zur Kürze lässt sich behaupten, dass er, bei gut 43.000 festangestellten Journalisten allein in Deutschland, Tag für Tag an die 45.000 Seufzer produziert und oft genug die schiere Verzweiflung. Da hat man nun den komplizierten Sachverhalt mühsam eingedampft, den Zeilenfall gemeistert, Buhwörter ebenso vermieden wie die Wortgleichheit mit dem Vorspann; Genugtuung beginnt sich breit zu machen – und nun zählt man die Anschläge, und alle Arbeit war umsonst.

Der Ärger wächst sogar Die *Stuttgarter Zeitung* hatte einst mit vier Spalten begonnen und ist längst bei fünf; *FAZ* und *Süddeutsche* waren fünfspaltig umbrochen und sind bei sechs Spalten angelangt; für sogar sieben Spalten haben sich die *Welt*, die *Westfälische Rundschau* und viele andere Blätter entschieden.

Je schmaler aber die Spalte, desto kürzer die Zeile, desto größer die Not. Unter diesem Diktat wurde in der deutschen Überschrift die Kinderlähmung von der „Poliomyelitis" abgelöst, weil sie sich so schön zu Polio verkürzen lässt, die Vogelgrippe von H5N1 und die Vier-Buchstaben-Schöpfung „Aids" von der Drei-Buchstaben-Abkürzung HIV. Der Zweitliga-Verein wurde zum Zweitligisten, und neben dem Selbstmord hält sich hartnäckig der Suizid, weil er vier Anschläge weniger hat und die verbleibenden auch noch schmaler laufen (zweimal i statt einmal m). Dass vermutlich zwei Drittel der Leser nicht genau wissen, was das ist, und das restliche Drittel das Wortbild „Suizid" auch nicht gerade als Bereicherung betrachtet, fällt daneben durch. Weitere mutwillige Verkürzungen werden ständig gesucht: Vize statt Vizepräsident zum Beispiel oder Pflege statt Pflegeversicherung, eigentlich sogar statt „Streit um die Pflegeversicherung", wie im Aufmacher der *Welt*:

```
Pflege droht Koalition zu sprengen
```

Noch mehr Abkürzungen Das ist ein weiteres Mittel, der Platznot Herr zu werden. Die amerikanischen Zeitungen mit ihren im Durchschnitt noch schmaleren Spalten erfanden einst den Mr. H. aus Verzweiflung über den Platzbedarf des UNO-Generalsekretärs Dag Hammarskjöld, und Chruschtschow, englisch meist Krushtshev geschrieben, tauchte als Mr. K. in den Überschriften auf. Darf man nun aber wirklich so verkürzen wie das *Handelsblatt*:

```
Möllemann: Kernenergie als CO2-Sparoption nötig
```

Und darf die *NRZ* ihren rheinisch-westfälischen Lesern ein Istaf in Berlin zumuten? (Es war das Internationale Stadionfest.) Unser Preis aber geht an die *Welt* für die Zeile:

```
Feno-HV: Warum fraß Kloth Kreide?
```

Damit war die Hauptversammlung der Firma „Feldmühle Nobel" gemeint – auf der wer was fraß? Kloth Kreide.

5.5 Zu wenig Platz oder zu viel

Einspaltige Einzeiler erreichen häufig den Tiefpunkt der Überschriftenkultur: In die fünfzehn oder zwanzig verfügbaren Anschläge eine Aussage zu packen, ist eine Kunst, die viele Redakteure im Drang der Geschäfte nicht mehr meistern. `Trauriger Anfang` über der Geschichte von dem Lehrling, der am ersten Arbeitstag ums Leben kam, wurde als abschreckendes Beispiel schon zitiert.

```
                    Weiter unklar
```

stand im *Flensburger Tageblatt* über der Nachricht, dass die Zukunft des Fußballstars Diego Maradona undurchsichtig sei. *Weiter unklar* – das empfiehlt sich als Standardmodell: erstens, weil die Überschrift so schön unklar lässt, wovon der Text handelt; zweitens, weil Klarheit unter irdischen Verhältnissen ohnehin ein rarer Artikel ist.

Die Boulevardzeitungen stellen dagegen meist Klarheit her, wenn auch auf ihre Weise:

```
                   Rudi haudi Saudi
```

hieß ein Aufmacher der *Bild*-Zeitung vor dem ersten Spiel der Fußball-Nationalmannschaft bei der WM 2002. Mit Grammatik hatte das wenig zu tun; aber kurz ist es, und die Leute haben's verstanden.

Und einen Zwang zur Länge gäbe es auch? Ja, oft genug, und zwar aus zwei Gründen.
  1. Keine Zeitung duldet beliebig viel Leerraum neben den Zeilen, wie im vorvorigen Beitrag dargetan. Und so schrieb der Redakteur des *Bündner Tagblatts* in Chur in offensichtlicher Not:

```
        Bonn will Asylverfahren zeitlich verkürzen
```

`Zeitlich` verkürzen, aha – darauf wären wir nicht gekommen. Und der Redakteur der *Kieler Nachrichten* versicherte, `Große Brandkatastrophen` habe es in Kiel nie gegeben – im Unterschied zu jenen kleinen Katastrophen offenbar, die man wohl besser gar nicht erst `Katastrophen` nennen sollte.
  2. Die geplagten Redakteure jener Abonnementszeitungen, die auf volllaufenden Zeilen bestehen, sind naheliegenderweise der stärksten Versuchung ausgesetzt, Sprachkrampf zu produzieren. So las man in einer Unterzeile der in Regensburg erscheinenden *Mittelbayerischen*:

```
          Politische Zukunft des ÖVP-Politikers bleibt
    unklar/Wählerunlust und Frust verschafften Österreichs SPÖ
                           den Sieg
```

„Zukunft", ohne „politische" – das hätte völlig ausgereicht, um zu formulieren, worum es hier ging. Aber nein, die Zeile musste halt unbedingt volllaufen. Ein Sonderpreis aber für die Überschrift:

```
            Menschen in Japan leben länger

            als jedes andere Volk der Erde
```

Sollte der Redakteur geradezu die Japaner gemeint, sich dabei aber der Sorge hingegeben haben, ohne das Wort Menschen hätte der Leser vielleicht an japanische Pferde, Ziegen oder Mäuse denken können? Herzliche Einladung an Verleger und Chefredakteure: Hört doch auf, eure Redakteure durch die Zwangsvorstellung, Luft dürfe nicht sein, zu solchem Unsinn zu verführen.

Die wichtigsten Regeln

1. Bei hierarchisch strukturierten Texten, also vor allem Nachrichten, sollten Sie die Überschrift auf der Basis der ersten Sätze des Lauftextes bilden.
2. Bei dramaturgisch strukturierten Texten, also vor allem Reportagen, sollten Sie die Überschrift aus späteren, nicht aber aus den letzten Abschnitten des Lauftextes bilden.
3. Wenn Sie Dachzeilen verwenden, denken Sie daran, dass die Leser Dachzeilen meist erst nach den Hauptzeilen lesen – und manchmal gar nicht. In Dachzeilen sollten daher nur ergänzende, nicht aber essentielle Informationen stehen.
4. Wenn Sie in der Hauptzeile dem Leser eine als solche rätselhafte Formulierung anbieten, dann müssen Sie dieses Rätsel in der Unterzeile auflösen.
5. Bei dramaturgisch strukturierten Texten sollte die Unterzeile den Text nicht einfach zusammenfassen, sondern wie eine Rampe dorthin führen. Vermitteln Sie dem Leser eine Ahnung, aber auf keinen Fall Gewissheit. Was im Stilbuch von *Süddeutsche.de* für Teaser steht, gilt auch für alle

Unterzeilen und Vorspänne: „Ein guter Teaser reißt an, reizt, informiert, verrät die These, aber nicht alles. Zusammen mit der Überschrift spiegelt der Teaser den Spin der Geschichte."
6. Setzen Sie sich nicht dem Zwang aus, Ihre Zeilen volllaufen zu lassen. Sie produzieren damit Krampf.
7. Achten Sie bei mehrgliedrigen Überschriften-Elementen darauf, dass Sie keinen falschen Zwischensinn produzieren. Briefwähler kippen um – das kommt Gottseidank selten vor. Briefwähler kippen um 23.16 Uhr das Ergebnis – so etwas hat es schon öfters gegeben.

Die Zukunft der Schlagzeile 6

Dieses Kapitel wendet sich vor allem an die Redakteure von Tageszeitungen. Die Stärke der Zeitung besteht nicht mehr nur in der Verkündung von Neuigkeiten, sondern darin, Neuigkeiten einzuordnen und zu erklären.

6.1 Vier Einwände gegen den typischen Aufmacher

Am Schluss dieses Rezeptbuchs steht eine kühne Frage: ob wir uns nicht in den gedruckten Zeitungen *vom Aufmacher verabschieden* sollten – genauer: von der Institution der Aufmacher-Schlagzeile in der typischen Form, wie die meisten Abonnementszeitungen deutscher Sprache sie an den meisten Tagen des Jahres praktizieren. Wir stellen diese Frage seit der 1. Auflage dieses Buches vor mehr als 20 Jahren. Sie wird aber weithin ignoriert, dabei wird eine Antwort immer dringender. Denn der klassische Aufmacher – jene Nachrichtenüberschrift, die der Zeitung das Gepräge gibt – hat ja vier Nachteile.

1. **Der Aufmacher lebt von einer Fiktion**: der, dass es, bei etwa 300 Ausgaben pro Jahr, ziemlich genau 300 Ereignisse gäbe, die es wert wären, prominent herausgestellt zu werden – keines mehr und keines weniger. Auch ohne jede Prüfung wäre der Schluss erlaubt: So exakt nach den Bedürfnissen einer Zeitungsredaktion wird sich die Realität kaum richten. Wir haben aber schon vor Jahren geprüft und die damaligen Nachrichtenchefs von vier Zeitungen gefragt (*Süddeutsche Zeitung, Frankfurter Allgemeine, Frankfurter Rundschau, Die Welt*): „An wie vielen Tagen des Jahres bietet sich ein großes Ereignis als klarer Aufmacher an?" Durchschnitt der Antworten: an 87 Tagen. „Und an wie vielen Tagen liegt eigentlich nichts vor, was man mit Anstand aufmachen könnte?" Durchschnitt der Antworten: an 60 Tagen. Von 300 Ausgaben im Jahr

haben 60 einen Verlegenheitsaufmacher! Mehr als einmal die Woche herrscht Nachrichtennot.
2. **Trotzdem aufmachen zu müssen** auch an diesen 60 Tagen – das begünstigt die Tendenz, Politikern ein Forum der Wichtigtuerei zu verschaffen, Ereignisse von mäßiger Bedeutung zu überreizen und Skandale zu melden, die nicht dringend so heißen müssten.
3. **Der herkömmliche Aufmacher verschenkt eine Chance**: die, dem Fernsehen und dem Netz die eigentliche Stärke der Zeitung entgegenzustellen, nämlich Analyse, Reportage, Hintergrund. „Im Internet steht, was passiert; in der Zeitung, was es bedeutet", hat Claus Strunz gesagt, als er Chefredakteur des *Hamburger Abendblatts* war.
4. **Und allzu oft sieht die Zeitung ganz alt aus**: indem die Redaktion nicht von ihrer lieben Gewohnheit lassen kann, ihren Lesern zum Frühstück eine Schlagzeile zu servieren, deren Aussage 24 Stunden alt und von Radio und Fernsehen am Vortag dutzendfach durchgenudelt worden ist. Was gegen dieses letzte Problem zu unternehmen wäre, davon handelt der nächste Beitrag; die darauf folgenden werden die Behauptungen 1 bis 3 begründen. Zum Schluss wird der Versuch gewagt, eine grundsätzlich andere Art der Aufmachung vorzuschlagen. Der häufig zu hörende Einwand, damit würde die Auflage noch stärker gefährdet als ohnehin schon, ist falsch.

6.2 Mindestforderung: weiterdrehen!

Täglich schauen sich Millionen Deutsche die Nachrichtenseiten im Netz an, morgens, mittags, abends und unterwegs. Sie informieren sich aus Artikeln, die bei Facebook und Twitter verlinkt wurden. Abend für Abend hat die „Tagesschau" mehr als acht Millionen Zuschauer. 3,5 Millionen Deutsche schalten „Heute" ein; und mehrere Millionen sehen sich Hauptnachrichtensendungen bei RTL, Sat 1, Pro Sieben und Nachrichtensendern an. Radio hören die meisten Leute auch noch. Man darf also unterstellen: Wer am Morgen eine Zeitung in die Hand nimmt, dem ist das meiste, was auf Seite 1 steht, nicht mehr völlig neu.

Viele Schlagzeilen ignorieren dieses Vorwissen Dafür vier klassische Beispiele. Dass sie von 1973, von 1991, von 2005 und von 2014 stammen, macht deutlich: Die Zeitungen pflegen eine gusseiserne Tradition, und keine technische oder gesellschaftliche Entwicklung kann sie daran irre machen.

6.2 Mindestforderung: weiterdrehen!

1. Oktober 1973 In der Nacht zum höchsten jüdischen Feiertag, Jom Kippur, fallen ägyptische und syrische Truppen in Israel ein. Die Welt hält den Atem an. Nach dem 24-stündigen Trommelfeuer von Hörfunk- und Fernsehnachrichten macht die *FAZ* vom 1. Oktober mit der erhabenen Zeile auf:

```
Wieder Krieg im Nahen Osten
```

Andere Zeitungen versuchten die Nachricht weiterzudrehen; so die *Welt*:

```
Israel holt zum Gegenschlag aus
```

Das hat einen Nachteil, unbestritten: Wer in Zukunft alte Zeitungsbände nach den historischen Zäsuren durchblätterte, würde sie in den Schlagzeilen nicht mehr finden. „Wieder Krieg im Nahen Osten" dagegen: Das freut jeden, der in den Archiven wühlt. Aber wie verhält sich die Genugtuung einzelner Historiker oder Doktoranden zu der Tatsache, dass die altväterliche Zeile die Informationsbedürfnisse von Millionen von Lesern ignoriert?

19. August 1991 Im Morgengrauen stürzen konservative Kommunisten den sowjetischen Präsidenten Gorbatschow, ein „Notstandskomitee" verhängt den Ausnahmezustand, Panzer fahren durch Moskau, Russlands Präsident Jelzin ruft zum Widerstand auf. Viel war also passiert im Lauf des Tages, und gespannt schlugen die Menschen morgens die Zeitung auf. Was für Schlagzeilen lasen sie?

```
Gorbatschow gestürzt
```

(*Hamburger Abendblatt*)

```
Gorbatschow entmachtet
```

(*WAZ*)

```
Staatsstreich in der Sowjetunion
```

(*Neue Zürcher Zeitung*)

```
Staatsstreich in der Sowjetunion
```

(*Tagesspiegel*)

```
          Putsch im Kreml - Gorbatschow gestürzt
```

(*Stuttgarter Zeitung*)

```
    Gorbatschow gestürzt - Orthodoxe Kommunisten übernehmen die
                               Macht
```

(*Frankfurter Allgemeine*)

Die meisten Zeitungen also verkauften ihre Berichte so, als hätten sie über die 24 Stunden danach nichts zu sagen gehabt. Sollten die Redakteure unter Schock gestanden – oder sollten sie, in tiefem Respekt vor der Routine von 1850 und 1950, versucht haben, eine Überschrift für die Ewigkeit zu meißeln? Menschlich verständlich – aber wie wollen Zeitungen bestehen, wenn sie ihre Artikel so verkaufen?

Es geht ja anders. Auch diese Aufmacher fanden wir:

```
         Nach Sturz Gorbatschows offener Machtkampf
```

(*Frankfurter Rundschau*)

```
     Weltweite Bestürzung und Sorge nach dem Sturz Gorbatschows
```

(*Kölner Stadt-Anzeiger*)

```
              Staatsstreich schockiert die Welt
```

(*Die Welt*)

22. November 2005 Am späten Vormittag wird Angela Merkel zur Bundeskanzlerin gewählt. Radio oder Fernsehen einzuschalten und nicht bis Mitternacht immer wieder davon zu hören, mit allen Facetten, Erläuterungen und Stellungnahmen – das war fast unmöglich. Der Anteil der Deutschen, die es wussten, als sie schlafen gingen, muss bei 95 Prozent gelegen haben, wenn nicht höher. Was bekamen diese 95 Prozent am 23. November zu lesen, zwanzig Stunden nach der Wahl und zwölf Stunden nach der *Tagesschau*?

```
              Angela Merkel ist Kanzlerin
```

(*Süddeutsche Zeitung*)

6.2 Mindestforderung: weiterdrehen!

> Angela Merkel Bundeskanzlerin

(*FAZ* – ohne „ist", dafür mit „Bundes")

> Merkel ist die erste Bundeskanzlerin

(*Frankfurter Rundschau* – ohne Angela, dafür „die erste")

> Angela Merkel als Kanzlerin einer Großen Koalition vereidigt

(*Die Welt*). Na so was! Eine Einladung, am Kiosk nach einer solchen Zeitung zu greifen, war das nicht. Und was war es? Schiere Redundanz, etwa so viel wert, wie wenn ein Mensch, der heute Geburtstag hat, zehnmal hören müsste: „Herzlichen Glückwunsch zu Ihrem heutigen Geburtstag". Und schlimmer als das:

Es war eine Provokation, ja eine Selbstentmündigung Da haben sich vier große Zeitungen in die lächerliche Pose eines Verkünders begeben, der kaum mehr zu verkünden hatte als „Gestern war Dienstag".

Was hätten sie tun können? Eins von drei
1. Sie hätten eine *Analyse* der Reden, der Versprechungen, des Charakters der Angela Merkel vorbereiten und sich trauen können, damit aufzumachen, etwa mit der Schlagzeile:

> Was wir von Angela Merkel zu erwarten haben

Die Wahl in der Unterzeile – das Ergebnis in einem fetten Kasten – der Ablauf der Bundestagssitzung weiter unten.
2. Aus der Bundestagssitzung hätten sie ein *Detail* herausgreifen können, zum Beispiel:

> „Ein starkes Signal für viele Frauen"

(Zitat Bundestagspräsident Lammert) oder

> „Das ist ein ganz ordentlicher Anfang"

(Zitat Peter Struck, Fraktionsvorsitzender der SPD)
Wir nehmen uns die Freiheit zu behaupten: Jeder dieser beiden Sprüche hätte einen legitimen, ja geradezu einen schönen Aufmacher ergeben, mit dem Wahlergebnis in der Unterzeile.

3. Wenn aber weder ein griffiges Detail sich anbietet noch eine gescheite Analyse vorbereitet ist: Dann sollte die Zeitung wenigstens *mit sprachlichen Mitteln* diese ebenso arrogante wie lächerliche Pose des Neuigkeiten-Verkünders umgehen. Die *Berliner Zeitung* hat's gewagt:

```
An die Arbeit!
```

hieß ihre Schlagzeile über die Kanzlerwahl. Ja, das ist mehr ein Appell als eine Nachricht. Aber wer mit der Nachricht hoffnungslos aus dem Mustopf käme – dürfte der nicht einmal im Jahr die Routine zerbrechen? Auch gäbe es die Möglichkeit, das allseits Bekannte kraftvoll, emotional, im besten Sinne „mündlich" auszudrücken – wie es dem *Hamburger Abendblatt* im September 1989 gelungen war: Da rief Außenminister Genscher vom Balkon der westdeutschen Botschaft in Prag den Tausenden von DDR-Flüchtlingen im Garten die frohe Kunde zu, die alle verstanden, obwohl sie im Jubel unterging; und tags darauf konnten wir es lesen:

```
Sie dürfen alle raus
```

In diesem Stil hätte die Schlagzeile über die Wahl der neuen Bundeskanzlerin lauten können:

```
Sie hat's geschafft
```

Das hätte zugleich etwas Lapidares gehabt, wie es sich oft anbietet, wenn die Zeitung nichts zu übermitteln hat über die *Tagesschau* hinaus: Ist aus Internet, Radio und Fernsehen längst bekannt, dass Bürgermeister X gestern Selbstmord begangen hat, so bleibt als Ausweg die Überschrift:

```
Der Tod des Bürgermeisters
```

Verzicht also auf die törichte Behauptung, man habe etwas Neues mitzuteilen, und zugleich ein Klang von Abschied und Würdigung, wie die aufgeregte Nachricht ihn gar nicht hätte vermitteln können.

Das journalistische Trauerspiel der Merkel-Wahl lässt sich noch überbieten durch Schlagzeilen wie diese (*FAZ* 1.7.2006):

```
Deutschland im Halbfinale
```

Das war *die* Sensation der Fußballweltmeisterschaft 2006: Argentinien geschlagen! Wie viele Deutsche hatten da am Vorabend noch nicht Hurra geschrien? Gegenvorschlag:

```
Das Wunder von Berlin
```

Am 2. April 2005 starb Johannes Paul II. Es war ein Samstag – und am Montag, nunmehr 36 Stunden später, überraschte die *FAZ* ihre Leser mit der Schlagzeile:

```
Papst Johannes Paul II. gestorben
```

14. März 2014 Am Tag zuvor ist Uli Hoeneß zu dreieinhalb Jahren Haft verurteilt worden, nun erklärt er – morgens um 10 Uhr –, dass er keine Revision gegen das Urteil einlegen und ins Gefängnis gehen wird. Die Nachricht verbreitete sich dermaßen schnell – hätte man jemandem nachmittags um 14 Uhr mit aufgeregter Stimme zugerufen: „Hast du schon gehört: Der Hoeneß geht in den Knast?", man hätte wohl Belustigung geerntet.

Die *Welt* aber – ausgerechnet die Redaktion, die seit Jahren so stolz darauf ist, Print und Online aus einer Redaktion zu bedienen – traute sich, anderntags mit der Zeile aufzumachen:

```
Hoeneß geht ins Gefängnis
```

Die SZ hingegen scheint etwas gelernt zu haben Sie machte handwerklich das Gegenteil dessen, was sie noch bei Merkels erster Wahl zur Kanzlerin gemacht hatte. Sie brachte als Hauptzeile ein Zitat aus Hoeneß' Presseerklärung:

```
Der Fehler meines Lebens
```

Na also. Geht doch.

6.3 Das Dynamit im eigenen Blatt entdecken

Wenn eine große Redaktion eine Ausgabe voll Dynamit produziert und sich dann als Aufmacher eine Knallerbse verpasst: Dann hat sie etwas falsch gemacht.

Ein Klassiker von dieser Art war die *Süddeutsche Zeitung* vom 5. März 2004 mit der Schlagzeile:

`Horst Köhler soll Bundespräsident werden`

Von heute aus betrachtet, klingt das unauffällig. Aber wer die Nachricht, die Reportage, den Leitartikel dazu las, musste sich wundern – aus drei Gründen.

Erster Grund Die Nachricht war (mal wieder) zwanzig Stunden alt. Mindestens nach der *Tagesschau* zwölf Stunden zuvor wussten das also sicher an die 90 Prozent der Morgenleser. Auch die Aussage der Unterzeile `Scharfe Kritik aus der CDU an Parteichefin Merkel` – war den meisten längst bekannt.

Zweiter Grund Schon der Lauftext des Aufmachers enthielt, wenn auch erst in der vierten Spalte, eine viel interessantere Nachricht: Das CDU-Präsidium hatte für Klaus Töpfer und Annette Schavan gekämpft – Köhler war dritte Wahl! „Weit abgeschlagen" übrigens, erfuhr der Leser in derselben Ausgabe der *Süddeutschen* auf der berühmten Seite Drei.

Dritter Einwand Und auf dieser Seite 3 war die Hölle los! Machtkampf in der CDU – „Szenen aus einem Irrenhaus" in der Präsidiumssitzung – Putschversuch gegen Merkel – Verrat an Schäuble! Und auf Seite 4, im Leitartikel: „Angela Merkel hat sich in rücksichtsloser und zynischer Manier durchgesetzt" – „schäbig, unehrlich und gemein" hat sie den „ihr intellektuell überlegenen" Wolfgang Schäuble behandelt – „ein widerwärtiges Bild" hat sie abgegeben – „sie hat sich unmöglich gemacht". So viel Farbe, so viel Härte, so zupackender Journalismus! Und der Aufmacher hieß: „Horst Köhler soll Bundespräsident werden".

Trauriger kann man sein Wissen nicht vergeigen Ihr Versagen krönte die *Süddeutsche Zeitung* im Lauftext desselben Aufmachers mit dem Satz: „Sowohl Stoiber als auch Merkel bedauerten erneut, dass ihr Favorit Wolfgang Schäuble gegen die FDP nicht durchsetzbar gewesen sei." Sie „bedauerten"? Nein (nach allem, was man auf den Seiten 3 und 4 erfuhr): Sie scheuten sich nicht, ein Bedauern zu heucheln! Also, in der nüchternen Sprache der Nachricht: „Sie *sagten*, sie bedauerten." So viel Sprachgefühl und Unterscheidungsvermögen sollte ein Redakteur besitzen.

6.4 An den schlimmen 60 Tagen einen klaren Kopf behalten

Im Durchschnitt an jedem fünften Tag, 60-mal in den ungefähr 300 Ausgaben des Jahres, geraten die Nachrichtenchefs der großen Abozeitungen nach ihrer eigenen Einschätzung in Verlegenheit: Ein legitimer Aufmacher ist eigentlich nicht da. Meist beschreiten sie dann einen von zwei Wegen:

Sie machen Nicht-Nachrichten auf, zumal wenn die schon die *Tagesschau* des Vorabends eröffnet haben – zum Beispiel, dass Sigmar Gabriel etwas gesagt hat, oder dass Präsident Putin etwas versichert hat (*FAZ*, 26.3.2005):

```
Putin will mit den neuen Machthabern in Kirgistan
                      zusammenarbeiten
```

Das liegt irgendwo zwischen harmlos und lächerlich – aber es richtet kein Unheil an. Ganz anders, wenn die leeren Tage sich häufen, wenn wochenlang nichts passiert, was nach dem Aufmacher riefe, wenn die Großbrände hartnäckig ausbleiben:

Sie fachen ein Feuerchen mit dem Blasebalg an und erklären es zur Brandkatastrophe. Dann werden Ereignisse von mäßigem Gewicht zu Sensationen aufgepumpt – und die haben dann oft gravierende politische Wirkungen, ja sie stürzen Millionen argloser Landsleute in Angst. Schrecklich oft sind es die Nachrichtenredaktionen, die darüber entscheiden, worüber das Volk sich aufzuregen hat. Haben also im Sommer 2013 die Agenturen entschieden, dass die Drohnenbeschaffung (und wann der damalige Verteidigungsminister de Maizière dazu was gewusst und wann gesagt hat) ein geeigneter Hohlraum-Füller sei, so greifen die Nachrichtenredaktionen dankbar zu. Die Agenturen sehen anderntags die Schlagzeilen, fühlen sich in ihrer Gewichtung bestätigt, lassen folglich alles, was mit Drohnen zu tun hat, unter „Vorrang" laufen und bieten Tages-, Abend- und Wochenendzusammenfassungen an, was wiederum die Nachrichtenredaktion beeindruckt – und so weiter; so bleibt das Karussell in Schwung, und keiner will's gewesen sein. Bis es endlich leerläuft oder durch ein wirkliches Ereignis gebremst wird: Das kann lange dauern.

Oder, der Rinderwahnsinn aus dem Jahr 2000! Der Name trifft genau: Wahnsinn der Presse rund ums Rind. In Deutschland war nicht *ein* Mensch an ihm gestorben – und in ganz Europa weniger Menschen als an selbst gesammelten Pilzen, sagte der Nestlé-Chef dem *Spiegel*, und der widersprach ihm nicht. Für die Rinder und die Bauern war es ja wirklich eine schlimme Sache, darüber hätte man natürlich berichten müssen, vorzugsweise im Wirtschaftsteil. Aber das Fernsehen lebte wochenlang von BSE, der *Süddeutschen Zeitung* war der Wahnsinn neun Aufmacher wert, für die Deutschen war BSE im Januar 2001 ihre größte Sorge, noch vor der Arbeitslosigkeit (*Spiegel* 26/2001), der Rindfleischkonsum sank auf 41 Prozent des Vorjahres, und ein ganzer Wirtschaftszweig ging in die Knie. Am 24. August jenes Jahres 2001 aber fühlte sich die *Süddeutsche* aufgerufen, die Hysterie, an deren Zustandekommen sie so lebhaft mitgewirkt hatte, vorwurfsvoll ihren *Lesern* nachzusagen:

```
Der Verbraucher neigt zur Hysterie
```

(der Verbraucher!) – mit der Unterzeile:

```
Dabei ist das Infektionsrisiko beim Rinderwahn minimal
```

Minimal! Welcher Schaden also wäre eingetreten, wenn BSE niemals zum Aufmacher oder zur ersten Nachricht der *Tagesschau* geworden wäre? Keiner! Es gab ja in Deutschland nicht einen Toten und nicht einen Kranken durch den Rinderwahn. Welcher Schaden aber ist, umgekehrt, durch den journalistischen Exzess überhaupt erst entstanden? Millionenfache Verunsicherung, Sorge, Angst – und Hunderte von Pleiten im Fleischerei-Gewerbe. Die Redaktionen hatten eine Nachrichtenflaute benutzt, um eine Panik herbei zu schreiben. „Es muss befremden", resümierte der Zoologe Prof. Sievert Lorenzen am 8.1.2004 in der *FAZ*, „dass ein so geringes Krankheitsrisiko Massenhysterien und härteste politische Maßnahmen zur Folge haben kann."

Einsicht wäre nicht einmal nötig gewesen in den Redaktionen – falls nämlich die ersten BSE-Alarme zufällig im November 1989 in die Redaktionen gedrungen wären, damals, als die Mauer fiel: Monatelang gab es da keinen von den 60 öden Tagen, an denen drittklassige Nachrichten zu Aufmacher-Ehren gelangen, und folglich monatelang nicht einen „Umweltskandal", der es auf die erste Seite geschafft hätte. Nach dem 11. September 2001 war es ähnlich: Das World Trade Center beherrschte die Medien, und dabei hat es manche journalistische Aufgeregtheit dritten Grades unter sich begraben.

6.5 Den typischen Aufmacher beerdigen

Vor diesem Hintergrund sollten wir den Mut haben, die Institution „Aufmacher" in ihrer in Deutschland überwiegenden Form grundsätzlich in Frage zu stellen. Der meistgerühmte Platz der deutschen Presse nach 1945 ist das „Streiflicht" der *Süddeutschen Zeitung*. Es hat grundsätzlich niemals eine Überschrift. Seine vielen hunderttausend Freunde stört das nicht. Die berühmteste Zeitung der Welt war

6.5 Den typischen Aufmacher beerdigen

anderthalb Jahrhunderte lang die Londoner *Times*; in dieser ganzen Ära, bis 1966, füllte sie ihre erste Seite ausschließlich mit Kleinanzeigen. Gut: Das „Streiflicht" ist ein Sonderfall und die *Times* von vorgestern. Überschriften müssen sein.

Tauglich ist zweierlei Abschied von der Zwangsvorstellung, dass der Aufmacher eine *Nachricht* sein müsse, sowie das Niedrigerhängen, das Relativieren.

Die Reden von Politikern sind im Prinzip nicht aufmacherwürdig – ja in Wahlkampfzeiten ließe sich erwägen: Wahlreden nicht einmal auf Seite 1, sondern irgendwo hinten, am besten unter einer Dachzeile wie

```
Die Wahlreden von gestern
```

Da alle Menschen Lügner sind (so Paulus an die Römer 3,4) und da Politiker sowie Interessenvertreter aller Art, zumindest öffentlich, noch mehr lügen als andere Menschen, würde der Wahrheitsgehalt der Zeitung steigen, wenn sie die wahrheitsgemäße Berichterstattung über die Lügen der Politiker reduzierte.

Aufmacher ohne Nachricht Einst war es üblich, dass die größte Überschrift der Zeitung gar nicht behauptet, die aktuelle Lage widerzuspiegeln:

```
Aus dem Auslande
```

– so oder ähnlich hießen im 18. und weit ins 19. Jahrhundert die Rubriken. Die alte *Frankfurter Zeitung,* Deutschlands angesehenste, nahm sich gelegentlich eine ähnliche Freiheit:

```
Geschichte und Geschichtsdeutung
```

hieß zum Beispiel der Aufmacher vom 1. Juli 1934 – in der ersten Ausgabe; die zweite Ausgabe desselben Tages trug die Schlagzeile:

```
Befehl des Obersten SA-Führers
```

Der hieß Hitler, und er ermahnte die SA, diszipliniert, vorbildlich, bescheiden und ihm unbedingt ergeben zu sein. Dies war die Art, in der die *Frankfurter Zeitung* ihren Lesern die Niederschlagung des sogenannten Röhm-Putsches und die Ermordung des ehemaligen Reichskanzlers Schleicher mitteilte. Unter dem Aufmacher stand die zweispaltige Überschrift:

mit dem Vorspann:
> Die Ereignisse des Tages

> Es folgen hierunter in chronologischer Reihe die amtlichen Meldungen des Deutschen Nachrichtenbüros über die Ereignisse, die zu dem Befehl des Obersten SA-Führers die unmittelbare Veranlassung gegeben haben.

Und dann als Einspalter:

> Stabschef Röhm seiner Stellung enthoben
>
> 7 SA-Führer erschossen

Dieses demonstrative Herunterspielen der Sensation lässt sich wohl einerseits als eine Art Widerstandshandlung begreifen (in dem bescheidenen Rahmen, der einer deutschen Zeitung 1934 blieb, wenn sie auch am nächsten Tag noch erscheinen wollte); man vergleiche die besonders widerliche Schlagzeile des *Hamburger Anzeigers* vom 2.7.1934:

> Die Welt bewundert Hitlers befreiende Tat

Andererseits drückt sich in diesem Verhalten der Frankfurter Redaktion eine Gesinnung aus, die in Zeiten demokratischer Freiheit ebenfalls ihre Berechtigung hat: Ob die Redaktion Aufregung verbreitet, das entscheidet sie selber. Die *Frankfurter Zeitung* nahm sich die Freiheit, ein wirkliches, aber verabscheuungswürdiges Drama klein zu machen; im Angesicht der oft künstlich aufgeblasenen Katastrophen und Skandale von heute sollten sich die Redaktionen dieselbe Freiheit nehmen. Dabei können Klassiker entstehen wie der schon zitierte aus der *Neuen Zürcher Zeitung*:

> Anrufung der verstorbenen UdSSR bei Kerzenlicht

Wo bleibt die Analyse? Was die *NZZ* hier praktiziert hat, ist in den großen angelsächsischen Zeitungen die Regel und kommt in Deutschland auf Seite 1 fast nicht vor:

- ein analytischer Überblick über den Stand der Dinge,
- das Zusammenbinden der verwirrenden Einzelnachrichten,
- das Ausleuchten der Hintergründe. Zwar liefern unsere großen Zeitungen dies: jedoch auf Seite 2, 3 oder 4 wie die *Süddeutsche,* auf Seite 3 oder Seite 8 wie die *FAZ*, auf den Seiten 2 und 3 wie die *Welt*.

6.5 Den typischen Aufmacher beerdigen

News Analysis nennen das die Amerikaner, und selbstverständlich drucken sie dergleichen mit Vorliebe auf Seite 1 – jene Texte, die anders sind als das Fernsehen, besser als das Fernsehen und dem Leser in der schäumenden Überfülle der Einzelinformationen als Leuchtturm dienen können; Übersichten, die den „Fetzenjournalismus" überwinden helfen – und es war Hans Heigert, ein langjähriger Chefredakteur der *Süddeutschen Zeitung,* der der üblichen rein punktuellen Berichterstattung polemisch diesen Namen gab. Wenn die Analyse („Was wir von Angela Merkel zu erwarten haben", „Warum Putin so handelt, wie er handelt", „Warum Hoeneß scheinbar unmotiviert viel mehr Steuerhinterziehung zugibt, als in der Anklage stand", und so weiter) interessanter wäre als die nachträglich gedruckte *Tagesschau* – warum macht man sie dann nicht auf? Immerhin, die Süddeutsche Zeitung hat sich seit Oktober 2014 entschlossen, zumindest ihre neue Wochenendausgabe jeweils mit News Analysis aufzumachen.

```
               Eine gegen alle
```

lautete zum Beispiel der Aufmacher in der Ausgabe vom 18.10.2014. Am Tag zuvor hatte die GDL, die Lokführer-Gewerkschaft, bekanntgegeben, dass sie übers Wochenende streiken lassen würde. Und weil jeder wache Deutsche dies längst wusste, als er die Samstags-SZ aufschlug, langweilte die Zeitung niemanden nicht mit der Nachricht, dass die GDL zum Streik aufruft. Sondern sie erklärte, warum die Gewerkschaft diesen Kurs fuhr. Ähnlich macht sie es seither an jedem Samstag.

Reportagen auf Seite 1? Vom Hergebrachten nicht nur abweichen durch analytische Artikel, die sich der Aktualität lediglich bedienen - sondern sogar durch erzählerische Texte? Ja, warum nicht! Wenn sie gut geschrieben und wenn sie geeignet sind, sich von der Fetzen-Information der *Tagesschau* durch Einbindung und Hintergrund angenehm zu unterscheiden. Die *International New York Times* bringt auf der ersten Seite meist eine, oft zwei Reportagen und oft noch eine News Analysis dazu - mit dem Ergebnis, dass weniger als die Hälfte der Seite frei bleibt für die Nachrichten-Routine. Das *Wall Street Journal* macht es ähnlich und *Le Monde* ebenfalls. Und ein so reportagestarkes Blatt wie die *Süddeutsche* sollte da nicht mithalten können? „Machtkampf, Putschversuch, Irrenhaus" war auf Seite 3 zu lesen an dem Tag, an dem auf Seite 1 das Trauerspiel

```
        Horst Köhler soll Bundespräsident werden
```

über die Bühne ging.

Am Kiosk verkaufen die meisten Abonnementszeitungen etwa ein Viertel ihrer Auflage. Welchen Kaufanreiz haben sie geboten mit der nackten Wiederholung dessen, was alle wussten? Gewiss, viele Käufe finden per Routine statt, zumal am Wochenende. Aber selbstverständlich lässt sich durch eine griffige oder gar verblüffende Schlagzeile die frei verkaufte Auflage steigern – und auch den Gewohnheitskäufern wie den Abonnenten schuldet die Redaktion den Respekt, sie nicht mit einer Nachricht aus der Mottenkiste zu langweilen. Warum eigentlich werden die besten Schreiber einer Redaktion nur herangezogen für die herausragenden Stücke im Innenteil? Ausgerechnet das Stück, das dem Passanten am Kiosk ins Auge springt, wird allzu oft aus Agenturen zusammengeschustert, oder irgendein Tischredakteur darf sich daran versuchen. Es war nicht nur ein Meisterwerk der Überschriftenkunst, was die *Süddeutsche Zeitung* einst lieferte, sondern zugleich ein Ausdruck bloßer Ressort-Routine, dass diese königliche Zeile über die Memoiren des Kardinals Mindszenty die dritte Seite aufmachte und nicht die erste. Was, bitte sehr, hätte denn das Blatt erfolgreicher und großartiger verkaufen sollen als diese Überschrift?

```
Der Kardinal, der die Hölle sah
```

The manufacturer's authorised representative in the EU is Springer Nature Customer Service Centre GmbH, Europaplatz 3, 69115 Heidelberg, Germany. If you have any concerns regarding our products, please contact ProductSafety@springernature.com

Printed and bound by CPI Group (UK) Ltd, Croydon, CR0 4YY
25/03/2026
02078192-0012